Wim Martin, 1952 geboren und aufgewachsen in Velbert, studierte Literaturwissenschaft und Philosophie an der Heinrich-Heine-Universität in Düsseldorf, um nach dem Examen als weltweit erfolgreiches Fotomodell Karriere zu machen. Bereits im Studium Veröffentlichung von Gedichten und Kurzgeschichten in diversen Literaturzeitschriften und Anthologien, u.a. bei Rowohlt. Nach dem Ende der Modellkarriere Wiederaufnahme der schriftstellerischen Arbeit. 2018 erschien im Hummelshain Verlag sein erster Roman *Das schlagende Herz*, 2019 der Gedichtband *Nahe Engel, von fern: Musik*, 2020 der Roman *Babylon Cam*, 2021 der Roman *Die Pandemie,* 2021 der Roman *Brachfeld.*

Alle Figuren des Buches sind ausschließlich meiner Fantasie entsprungen. Sämtliche Ähnlichkeiten mit lebenden oder verstorbenen Personen wären daher rein zufällig.

W.M.

2022 Hummelshain Verlag, Essen
ISBN: 978-3-943322-50-7

www.hummelshain.eu

Wim Martin

Der Einfall des Lichts

Roman

Hummelshain Verlag

Wer die Schönheit angeschaut mit Augen,
Ist dem Tode schon anheimgegeben
August von Platen

The light pours out of me
Magazine

1

Heller hatte nur noch eine vage Vorstellung, wann genau es angefangen hatte. Vielleicht damals, nachdem Teresa gegangen war und seine Welt so völlig unvorbereitet zum Einsturz gebracht hatte. Etwas hatte geendet in seinem Leben, schmerzhaft und unumkehrbar, denn all seine kläglichen Versuche, sie zum Bleiben zu bewegen, hatte sie mit Eiseskälte abgetan. Wenn er in den Spiegel geschaut hatte, erblickte er nur die Trümmer von einem Mann, und allein die Momente, in denen er vor der Kamera stand und Souveränität simulieren musste, ließen ihn dank seiner mühsam beschworenen Professionalität ungebrochen erscheinen.

Und dann, kurz darauf, hatte wie durch Zauberkraft etwas anderes begonnen, etwas das nicht weniger machtvoll gewesen war und ihn seither atemlos in seinen Bann geschlagen hatte, größer fast noch als die Liebe, die alles überstrahlende Himmelsmacht, die, wenn sie gescheitert war, die unglücklich Zurückbleibenden von einem auf den anderen Augenblick in die tiefste Hölle hinab schleudern konnte. Plötzlich war sie da gewesen: diese all sein Denken überwältigende, nicht einzudämmende, unbezähmbare Lust zu sehen, zu schauen, den Dingen auf ihren geheimen Grund zu gehen, und dieses erregende Verlangen, diese brennende Obsession hatte ihn seither nicht mehr losgelassen.

Es könnte in San Francisco begonnen haben, damals, einige wenige Wochen nach der Trennung von Teresa, die er glaubte niemals überwinden zu können, denn sie hatte ihm bei lebendigem Leib das Herz aus der Brust gerissen. Heller hatte diesen Spot gedreht, ein Werbevideo für kabellose Kopfhörer, bestimmt zur Ausstrahlung in Fernsehen und Internet. Zu den Filmaufnahmen hatte ihn die Werbeagentur eigens nach Kalifornien eingeflogen, weil dort das Licht *"die Dinge in ihrem Wesen"* zeigt, wie es der Kreativdirektor großkotzig formulierte. Man hätte den kleinen Clip von dreißig Sekunden Länge im Prinzip überall da drehen können, wo gerade die Sonne schien: in Berlin, in Düsseldorf, selbst irgendwo im Ruhrgebiet in einem urbanen Setting, aber die Eloquenz der Werbefuzzis hatte dem Kunden für den Dreh ein dreifach erhöhtes Budget abgeschwatzt, und noch während des Castings, zu dem Heller sich in den Agenturräumen eingefunden hatte, knallten die Korken des Jahrgangschampagners, nachdem schließlich telefonisch die Bewilligung für den Drehort gekommen war. Die fünf Flaschen Champagner, zweihundert Euro das Stück, wurden dem Auftraggeber später als "interne Maßnahmen zur Drehvorbereitung" in Rechnung gestellt.

Die gesamte Crew von zehn Personen nahm in San Francisco Quartier im noblen Fairmont Hotel auf dem Nob Hill. Heller bewohnte eine Suite im vierten Stock mit Blick auf das Mark-Hopkins-Hotel, einem gelungenen Beispiel architektonischer Reduktion aus den zwanziger Jahren. Am Nachmittag seiner Ankunft, ein wenig müde vom Jetlag, schaute er zufällig aus dem Fenster seiner Suite hinüber auf den imposanten Bau, wo, nur zwanzig Meter entfernt, die langsam sinkende Sonne das ihm direkt gegenüber befindliche Zimmer hell erleuchtete. Auf der Fensterbank saß eine Frau im Lotossitz, den Kopf nach hinten gelegt. Sie war völlig nackt und schien in der Wärme der Nachmittagssonne zu baden. Ihr Haar trug sie schulterlang, es war dunkel, fast schwarz, und wie auch der Bronzeton ihrer Haut und der Schnitt ihres Gesichtes verriet es karibische oder kreolische Herkunft, aber das konnte auch ein Taschenspielertrick des Lichtes sein. Heller spürte seine Müdigkeit schlagartig verschwinden. Die Frau war von hinreißender Schönheit und so verletzlich in ihrer Nacktheit. Ihre Erscheinung hatte, allein schon durch ihren Sitz, etwas von der gelassenen Unnahbarkeit einer fernöstlichen Gottheit. Gebannt schaute er sie an aus dem Dunkel seines Hotelzimmers, das im Schatten lag und ihn für sie unsichtbar machte, und dennoch hatte er das vage Gefühl, dass sie ihn unmittelbar und direkt ansah, ein fast intimer Moment, eine anonyme Komplizenschaft.

Heller vermochte die Augen nicht von ihr abzuwenden. Dann begann die Frau sich zu berühren, ließ ihre Hände abwärts wandern vom Hals zu ihren festen, steil aufgerichteten Brüsten, wo sie die Brustwarzen liebkosten und die Nippel zärtlich pressten. Weiter forschten ihre Hände, über den Nabel hinweg, wo sie kurz verweilten, um dann langsam, fast in Zeitlupe, ihren Schoß zu erkunden. Während ihre linke Hand wie nach einer Irrfahrt wieder hoch zu ihren Brüsten glitt, massierte ihre Rechte ihr Geschlecht, langsam zuerst, dann schneller werdend, wobei ihr Torso sich in einer an einen bizarren Tango erinnernden Choreographie aufbäumte, streckte und straffte. Hellers Atmung drohte auszusetzen, er keuchte wie ein den Erstickungstod vor Augen sehender Asthmatiker. Unentwegt schien die Frau, die sich völlig ohne Scham auf der Fensterbank für jeden sichtbar entblößt hatte, ihm genau in die Augen zu schauen, aber er war sicher, das war nur eine optische Täuschung, denn er befand sich in der Anonymität seines Hotelzimmers, unsichtbar und unerreichbar auch für sie. Viel zu abrupt sank die Sonne im Westen hinter den hohen Häusern und ergoss ihre Strahlen nicht länger über das Fenster, über die Frau, die sich mit einer letzten Erschütterung ihres Körpers aus dem Sitz löste, um sodann in der Undurchdringlichkeit ihres Zimmers zu verschwinden.

Heller atmete tief ein. Er fühlte sich erschöpft wie nach einem Marathonlauf. Noch Minuten danach fixierte er das gegenüberliegende Fenster, als könnte er durch die Intensität seiner Blicke eine Fortsetzung des soeben Geschauten in Gang setzen. Alles hatte sich nahezu ohne Ton abgespielt. Das Einzige, was er gehört hatte, war der von den schallisolierenden Fensterscheiben gedämpfte Lärm der Stadt, ein Soundtrack, der zu dem von ihm Beobachteten so gar nicht passen wollte. Bild und Ton hatten sich in einer schmerzhaften Asynchronität befunden.

Im Westen rollten Nebelbänke in die Stadt hinein. Bald würden sie alle Konturen relativieren wie in einem verfließenden Aquarell. Heller ging ins Bad und stellte die Dusche an. Am nächsten Tag begannen die Dreharbeiten für den Werbefilm. Er würde zur Vorbereitung noch einmal das Script durchgehen, das er als pdf-Datei auf seinem Laptop gespeichert hatte.

Videoclip:

Es ist Sommer in einer Großstadt, das (kalifornische) Licht taumelt um die Dinge wie eine paarungssüchtige Transzendenz. Ein anderes Grau liegt auf allem, was Stein, was Asphalt ist, nein: es scheint daraus hervor. Nie gekannte Grüne drängen sich aus Bäumen, Sträuchern und Rasenflächen, und die Menschen in ihrer bunten Unschärfe sind nichts als Fabelwesen, erschaffen in dieser beispielhaften Lumineszenz.

Totale auf einen an drei Seiten von einem herrschaftlich anmutenden Gebäude umgebenen Platz: sechs schneeweiße Säulen säumen das Portal in der Mitte, es könnte ein Schloss sein, ein Gouverneurssitz oder ein Museum. Geräusche von Autos, Schritten, Stimmen, Brunnen fügen sich zu einem surrealen Orchester, das zögernd seine Instrumente stimmt. In einem kurzen Bogen fährt die Kamera zurück in die große Stadttotale in ihrer entfesselten Verklärung von Sommer und perfekt ausgeleuchteten Phänomenen, um dann auf ihn zu schwenken, auf ihn und seine unglaublich blauen Augen, ein schneller Zoom auf ein *close-up*, bevor Bewegung einfriert. Drei Polaroids in verblassten Farben, fast wie alte Sepia-Daguerreotypien, erscheinen im Film in drei schnell aufeinander folgenden Klicks.

Klick 1: ein Held, jung, schön, gebräunt, verwundbar, die Kleidung modern, lässig, im Stil metropolitanen Chics, vielleicht ein Leinenanzug, dunkelblau mit Nadelstreifen, er schaut im Profil halb über seine Schulter.

Klick 2: er winkt am Straßenrand ein Taxi herbei.

Klick 3: Großaufnahme der Insignien seines Heldentums durch die geöffnete Tür des Taxis/ mit diesem Bild beginnt sich in jedem Betrachter der unumstößliche Verdacht zu regen, dass genau jetzt, von diesem Moment an, ein Dasein ohne kabellose *headphones* als völlig inakzeptabel und das schmerzliche Stigma einer ganz und gar bedauernswerten Existenz gelten muss.

Mit der zufallenden Wagentür setzt die Musik ein, in seiner hermetischen Kapsel aus Blech und Glas und *full stereo* Klang lehnt sich der Passagier zurück, das Taxi fährt an, fährt durch eine Stadt, welche ihrer Geräuschkulisse entbunden wurde, welche nichts als eine Welt der Taubstummen und ohne jeden Puls wäre, gäbe es nicht den begnadeten Rhythmus von der Tonspur, aus den Hochglanz-Carbon-Kopfhörern, die jedermann käuflich erwerben kann:

Somewhere there is some place,
That one million eyes can't see
And somewhere there is someone,
Who can see what I can see

Die Bilder geraten in Bewegung, kommen ihm, der wie ein Gekreuzigter, ein mit dem verzückten Licht urbaner Heiligkeit Gesalbter, ein asketischer Messias der Großstadt, auf den Rücksitz genagelt ist, entgegen mit berückender Schönheit, kommen auf dieser Musik, die jedem Betrachter klarmacht: Paradies, das ist die wiedergewonnene Einheit von Bild und Klang, die Generalamnestie des verwehrten O-Tons, der endlich zurück zu den Dingen kommt, um sie für allezeit von der Lüge eines verbrecherisch untergeschobenen Playbacks zu erlösen. Wer behauptet noch länger, dass Wind rauscht und Tauben gurren, dass Autos lärmen und hupen, dass Sirenen heulen und Stimmen sprechen und Bustüren seufzen und Hämmer schlagen? Nur ein großangelegter und letztendlich doch so dilettantischer Schwindel konnte die ursprüngliche Besetzung von Wirklichkeit vergessen machen: Saiten, Tasten, Schlagzeug, Gesang, vielleicht ein paar Bläser. Hier sind sie wieder, nach Jahren schmerzlicher Entsagung: elektrisch verstärkte Gitarren, wenn Reifen auf Kopfsteinpflaster rollen, Presslufthammersaxofone, die Klaviere von Zweigen und Wind, ein Zug fährt in den Bahnhof ein als Bass-Solo, Stimmen und Rufe, die aus einem Synthesizer kommen, schlagende Türen, schlagende Beweise dafür, dass Türen eigentlich Trommeln sind, winziger Teil nur einer allumfassenden Perkussion, in der Becken schwellen, wenn Brunnen rauschen, Herzschläge wie Pauken einsetzen und ein unsichtbarer Engel die Begleitung auf seinem Tamburin schlägt.

Die Welt fließt endlich, endlich, endlich wieder in ihrem wahren Klang, die Aussöhnung mit dem Garten Eden, aus dem nach dem Sündenfall die Vertreibung erfolgte, ist vom Hersteller zwei Jahre lang garantiert, den seit ihrem unfreiwilligen Exodus metaphysisch Darbenden verkündet der Fluss der Bilder nichts als die unumkehrbare Vergebung der Erbsünde, die Wiederaufnahme in das Paradies, ins Elysium, und alles was es braucht sind diese KOPFHÖRER!

Someone, Somewhere In Summertime
Someone, Somewhere In Summertime

Heller saß in der fahrenden S-Bahn, die Bilder draußen um ihn herum in Bewegung, und sah sich dabei zu, wie er in einem Taxi durch eine vom Sommer geküsste Stadt fuhr und auf dem Rücksitz mit dem Himmel verschmolz. Die Wirklichkeit, ging ihm durch den Kopf, konnte in geglückten Momenten wahrhaft erhaben sein. Er beendete die Wiedergabe des Videos auf seinem Mobiltelefon.

Ja, die Erinnerung kam zurück: damals musste es angefangen haben, in San Francisco, mit der Frau am Hotelfenster und dem Werbespot für die Kopfhörer tags darauf. Beides hatte seine Welt auf den Kopf gestellt, war in nahezu alchimistischer Symbiose zu einer großen Einheit verschmolzen und hatte Bilder und Klänge neu arrangiert und zusammengefügt in seinem Kopf.

Und selbst die am Tag seines Abfluges, als die Dreharbeiten beendet waren, gegenüber vor dem Mark-Hopkins-Hotel mit lauten Sirenen aufgefahrene Flotte von Polizeifahrzeugen hatte die in einem magischen Moment weit sich ihm öffnenden Türen nicht wieder zu schließen vermocht, auch wenn in ihm ein unbestimmtes und gänzlich unerklärliches Unbehagen keimte, dass die geheimnisvolle Frau am Fenster der Grund für diesen Aufmarsch der Ordnungskräfte gewesen sein könnte.

Die Bahn erreichte die Ortsmitte der kleinen Stadt und verlangsamte ihre Fahrt, bevor sie schließlich anhielt. Heller stieg aus. Ein spontaner Impuls. Er hatte es nicht geplant. Er plante niemals etwas. Aber in diesem Moment war ihm das Weiterfahren sinnlos erschienen.

2

Es gab nicht Rätselhaftes mehr, nichts das noch seiner Enthüllung harrte. Kryptisch Verschlossenes, ja, sich aller Deutung entziehend. Die Welt und ihre mannigfachen Erscheinungsformen waren nicht decodiert. Wie es sein mochte, wenn man einfach das Atmen vergaß? Ließ sich das Leben vorstellen als eine kinetische Reihung von einer Trilliarde Computergrafiken? Sehr kühl und sehr schön und manchmal unterlegt von Jazzmusik mit einem Schlagbesenrhythmus. Oder auch im minimal temperierten Soundtrack von *New Wave*, mit eindringlichen Keyboards, String Ensembles, Synthesizern und verzerrten Orgeln, die illusionslos schöne Texte von existenzieller Verlorenheit umschmeichelten. Gerasterte Monitore, die Bewegung auf ungraziöse Diskontinuität reduzierten. Man ging wie auf einer 3D-Ansichtskarte; wenn man sie leicht kippte, würde das rechte Bein vorschreiten, wie beim Marschieren. Nur im Glücksfall die Idee eines Films. Ob Gott ein Trugschluss der Vernunft war? Durch die Kopfhörer senkte sich die kybernetische Erlösung ins Zentrum von Hellers Dasein:

The side effects of cruising at the speed of life
The side effects of living in temptation

Auf der Universität, während seines Studiums der Philosophie und lange bevor seine Karriere als Modell begann, hatte er Kant gelesen, weil die Professoren ihn als Quelle der Weisheit zitierten. Seine Lehre besagte, dass Illusionen notwendig zum Glück gehören. Aber Kant schwieg über die Nebeneffekte eines Lebens in Versuchung. Langsam, um den Fluss seiner Bewegungen nicht zu gefährden, ging Heller durch die kleine Stadt. Auf dem Schild am Bahnhof hatte ihr Name gestanden: Langenberg. Er kannte seinen Aufenthaltsort. Das beruhigte ihn. Es war weniger Macht über die Dinge, wenn man sie benennen konnte, als vielmehr eine Form der Verschwörung mit ihnen. Heller war glücklich zwischen zwei stereophonen Kopfhörerkappen.

Kyoto in the snow,
Heaven's far away

Er dankte Gott für die begnadete Vorstellung durch einen Film zu gehen, in dem alle Farbe aus den Dingen gefallen war. Es hatte etwas durch und durch Erregendes, es bestach durch eine längst überholte Ästhetik des *film noir*, ein für ihn dennoch ewig gültiges Ideal der 30er und 40er Jahre, Kunstwerke aus Licht und Schatten. Schwarzweiß und fließend, in der eleganten Kontinuität eines Balletttänzers, durch Kyoto zum Beispiel, Kyoto im Schnee, und der Himmel ist weit weg. Weit weg bedeutete nicht: auf immer fort. Ihm kam der Gedanke, eine Skala seiner momentanen Lieblingssätze aufzustellen.

Manchmal, im September, ist das Licht in den Städten wie aus Nylon.

Das war sein Favorit. Er fand noch vier:

Futuristisch heißt, den Riss in der Zeit zu ignorieren.
Das Glück ist immer subversiv.
Ich hätte gern eine Einfach-Fahrkarte nach Alphaville.
Er trug seine Musikquelle wie einen Herzschrittmacher durch die Stadt.

Langsam ging Heller weiter. Durch die kleine Stadt, durch den Film. Er war glücklich, er hätte tanzen können, obwohl er gleichzeitig eine wachsende Entfremdung in sich Raum greifen spürte. Das Kunststück hieß nicht: glücklich sein, das konnte noch jeder, vielmehr: Diskretion zu breiten über das Glück. Das Glück war immer subversiv. Es galt, es zu verstecken, unsichtbar glücklich zu sein, durch die Stadt zu gehen so ganz ohne eine augenfällige Choreographie, beiläufig und fast inkognito. Die Leute schauten ihn an wie einen heiligen Verbrecher. Heilig, weil er bewaffnet sein oder den geheimen Zugang zu den letzten Weisheiten haben könnte unter seinem Kopfhörer. Heller schwieg sich aus über seine esoterische Wehrlosigkeit, seinen in glühender Lust adaptierten Autismus. Er trug seine in der Jackentasche verborgene Musikquelle wie einen Herzschrittmacher durch die Stadt. Wie es sein mochte, wenn die Musik vorbei war? Ein entladener Akku oder eine behördliche Verordnung, welche jegliche Musik verbot, wie in dem von tumbem Fanatismus regierten Gesellschaftsmodell, das der Scharia gehorchte. In Heller brannte plötzlich das Verlangen, alle Utopien absurd zu finden. Er lebte jetzt, hier in der Gegenwart, und Entfremdung präsentierte sich in einer fast kubischen Schönheit. Es kündete von souveräner Gleichgültigkeit, von unheilbarem Futurismus, den Riss in der Zeit zu ignorieren.

Am Schaufenster eines Reisebüros blieb er stehen. Auf einem Bildschirm lief ein Werbevideo über die Südsee. Palmen wuchsen malerisch gekrümmt dem Meer zu. Einem unglaublich blauen Meer. Ohne ein Bewusstsein von Endzeitalter tanzte ein braunhäutiges, nur mit Blüten bekleidetes Mädchen im Sand, umgeben von abenteuerlich bemalten und Trommel schlagenden Männern. Es würde nichts als narkotisch sein, auf den Spuren Gauguins an Tahitis Stränden ihre Fruchtbarkeit zu erforschen. Es würde nichts als surreal sein, das Reisebüro zu betreten und eine Fahrkarte nach Alphaville zu verlangen.

Manchmal, dachte Heller und schaute bewundernd an den Himmel, manchmal, im September, ist das Licht in den Städten wie aus Nylon.

3

Der winzige Bahnhof lag, umgeben von Bäumen mit herbstlich verfärbtem Laub, im Stadtteil Bredeney auf halber Höhe des Hügels, ein Stück unterhalb des imposanten Herrensitzes, der heute zu manchen Zeiten als Museum und Veranstaltungsort diente. Heller stieg durch die sich zischend öffnenden Schiebetüren aus dem Waggon auf den Bahnsteig und schaute hinunter auf den See. Langsam fuhr der Zug an und verließ die Station.

Der See breitete sich vor ihm aus in der Septembersonne. Das von ihm reflektierte Licht war fast überirdisch. Ein Blau aus der mystischen Berührung von Himmel und Erde.

Der Bügel des Kopfhörers ging um sein Haupt wie eine Aureole. Eine schwarze Aureole, ein glänzender Unheiligenschein. Nach Beendigung der Dreharbeiten in San Francisco hatte der Kreativdirektor Heller den eigens für den Videoclip angefertigten Prototypen geschenkt, ein einzigartiges Wunderwerk der Technik, gefertigt aus Carbon, Glasfasern, papierdünnem Stahl und gehärtetem Nylon. Seither war er aus seinem Leben nicht mehr wegzudenken, war mit ihm verwachsen fast wie ein Körperteil.

Anfangs war es ungewohnt, ja unbequem gewesen, den Kopfhörer zu tragen. Heller spürte den Druck der Kappen, obwohl sie innen mit Schaumstoff und außen mit weichem Leder gepolstert waren. Beim Musikhören legte er oft Pausen ein, massierte sich die strapazierten Ohrmuscheln mit den Händen, bevor er den Kopfhörer wieder aufsetzte.

Doch längst war er völlig hingegeben an den Luxus, aus mehr als fünfzig Millionen Musiktiteln seinen ganz ureigenen, ihm auf den Leib geschnittenen Soundtrack erstellen zu können, ein Unikat des Klangs, das nur ihm gehörte, schön, einmalig und vergänglich oder ewig, wer wollte das entscheiden. Wie auf Flügeln trug ihn die Musik durch den Film, in dem er, angeschaut allein von sich selbst, schwerelos schritt.

Heller pries den Tag, an dem er die Dienste des Streamingportals geordert hatte. Für einen kleinen monatlichen Obolus erlaubte es ihm, seine Lieblingsmusik unbegrenzt auf sein Smartphone zu laden und, wo auch immer er sich befand, ununterbrochen zu hören. Gespeichert in seiner Favoritenliste, eingespeist in seinen kabellosen Kopfhörer, unterlegte der ausschließlich für ihn bestimmte, stereophone Klang der Tonspur jederzeit die Bilder der Außenwelt und reihte sie zu einem in seiner makellosen Vollkommenheit einzigartigen Film, zu einem neuen Ganzen, das ihm wie die reduzierte Welt eines Autisten erschien. Solange die Musik intakt war, solange die elegante Kontinuität des Geschauten in absolutem Einklang mit ihr floss, war auch sein Leben vollkommen. Das wusste er.

Urplötzlich entwurzelt von allem: vom Gewohnten, von der Liebe, von jeglichem Realitätssinn, so hatte sich Heller damals gefühlt, von dem Moment an, als Teresa fort gegangen war. Eineinhalb Jahre war das her jetzt. Und dann, plötzlich und unerwartet, hatte er sich in lustvoller Verzweiflung in die weit geöffneten Arme dieser barmherzigen Wirklichkeit begeben, die ihm zu der Zeit als einzig verfügbare Möglichkeit seiner Rettung erschienen war. Sein Damaskuserlebnis war ihm während der Tage in San Francisco widerfahren, als er im Sommer nicht lange nach ihrer Trennung den Spot gedreht hatte. Es hatte seine Wahrnehmung revolutioniert, sein Hören wie auch sein Schauen. Er, Heller, *war* der urbane Unnahbare, unantastbar, unverletzlich, der Christus der pulsierenden Städte, der einsame Messias, gekreuzigt, doch wieder auferstanden. Von nun an würde sein Leben als Film verlaufen, und der Held war niemand anderes als er, im Maßstab eins zu eins transponiert aus seinem Videoclip in die stilisiert wundervolle Wirklichkeit. Ja, damals musste es begonnen haben.

Ein Kajak flog mit erstaunlicher Geschwindigkeit an ihm vorbei, das Paddel kraftvoll geschwungen von einem muskulösen Mann mit gebräunten Schultern. Wenn er eines der beiden Paddelblätter hoch erhoben in die Luft stieß, während das andere gleichzeitig das Wasser pflügte, schien er jedes Mal für einen Sekundenbruchteil in seiner Bewegung zu erstarren. In Hellers Ohren erklang die Musik zu diesem bewegten Bild.

Feeling spirits never far removed
Passing over me and I greet them with open arms
Hand fighting hand
As you turn to a man of two worlds

Möwen kreisten über der Wasserfläche. Er hörte ihr Kreischen nicht, denn die Musik raubte der Außenwelt sämtliche Geräusche. Ich bin längst ein Mann in zwei Welten, dachte Heller. Ein stummes Motorboot fuhr an ihm vorbei, in seinem Gefolge ein von zwei Mädchen gerudertes Sportboot, ein Doppelzweier. Durch ein Megaphon gab ein Trainer ihnen aus dem Motorboot Anweisungen, unhörbar für Heller. Ein Kormoran landete schlitternd auf dem Wasser, die Füße zum Bremsen vorgestreckt. Sein schwarzes Gefieder leuchtete im Sonnenschein.

In der Ferne am Himmel, dort wo der Ortsteil Kupferdreh lag, teilte der Kondensstreifen eines Flugzeugs den blauen Himmel in zwei exakt gleiche Hälften. Ein leichter Wind, eher eine Brise, kräuselte die Oberfläche des Sees. Das Blau, das er trug, zersplitterte in metallischem Glanz. Weiter hinten schimmerten von Wind unberührte Flächen silbrig. Heller atmete tief ein.

Er nahm sein Telefon aus der Tasche und betätigte die Shuffle-Funktion, die Zufallswiedergabe. Wie immer war der kurze Moment, bis die Musik einsetzte, geprägt von knisternder Spannung, was die undurchschaubaren Gesetze der Algorithmen dieses Mal für ihn erwählen würden.

Let me take you on a trip
Around the world and back

Wie erregend es war, der Welt um ihn herum völlig andere als die gewohnten Geräusche zuzuordnen. Alle Dinge glitten wie auf einem Fließband an ihm vorbei. Durch eine vollkommene Utopie zu gehen konnte nicht anders sein. Plötzlich verstand Heller, warum Odysseus sich an den Mast fesseln ließ. Er, Heller, würde die Verlockung ohne alle Bande durchstehen müssen. Die Sirenen in seinem Kopf sangen:

Let me show you the world in my eyes

Schöne Fiktion. Er war gesegnet mit einer Fiktion, mit einer geradewegs aus den Himmeln herab tönenden Musik, welche nur von Engeln sein konnte oder von gefiederten, fischschwänzigen Fabelwesen, deren einzige Bestimmung es war, ihn durch diesen Film zu tragen, ihn randvoll mit Glück zu erfüllen.

Von dem als Ziel für Bootsrennen fungierenden Regattaturm nahm er den Weg nach links. Auf der Spitze des Turms hatte ein Künstler eine Vielzahl Uhren angebracht, deren silberne Zeiger mit unterschiedlicher Geschwindigkeit vor oder zurück rasten. Sie hatten weiße Zifferblätter und schienen die Zeit bezwingen zu wollen mit ihrem eigenen Takt, ein aussichtsloses Unterfangen. Es sind Sisyphos-Uhren, dachte Heller.

Eine Schar Kanadagänse, weit mehr als dreißig Vögel, bevölkerte das Ufer. Ihr Kot lag überall, auf der Promenade, auf der Grasböschung, auf den Pontons, von denen die Kanuclubs ihre Boote zu Wasser ließen.

Er passierte Vereinsheime von Ruderern, vor denen schmale Boote aufgebockt lagen. Eine Rasenfläche diente zur Aufbewahrung von Toren für Kanupolo. Daneben stand ein Bauwagen vor riesigen Kabelrollen und Anhängern für den Bootstransport.

Dann kam er an ein auf einer kleinen Anhöhe gelegenes Restaurant, vor welchem sich über drei Ebenen Terrassen zum See hin erstreckten. In der warmen Herbstmittagssonne waren die meisten Tische belegt. Sie standen durch hölzerne Begrenzungen in Buchten angeordnet.

Heller ging langsam weiter bis zum Heisinger Ufer. Dort kehrte er in der See Bar ein. Er setzte sich an einen der wenigen freien Tische gleich am Wasser und hielt die Musik an. Mechanisch legte er sich den Bügel des Kopfhörers um den Hals. Als der Kellner kam und nach seinen Wünschen fragte, bestellte er einen Kaffee.

Später suchte er sich eine Uferbank im Sonnenschein und schaute lange auf den See. Eine Instrumentalmusik, ganz ohne Gesang, drang in seine Ohren ein, getragen von einem suggestiven Keyboard, einem Mellotron. Heller liebte seinen Klang, der feierlich war und erhaben.

Am folgenden Tag war er für einen Fernsehspot gebucht, in einem sehr berühmten Aufnahmestudio in Düsseldorf. In Gedanken ging er für einen Moment das Script durch. Er sollte den Leiter einer Autoreparaturwerkstatt darstellen, der den ahnungslosen Zuschauern die Vorteile eines der Scheibenwaschanlage beigefüllten Frostschutzmittels für den nahenden Winter nahelegte. Mit den *buyouts* und allen Ausstrahlungsrechten würde sein Honorar sich auf etwa zehntausend Euro belaufen, für eine Arbeitszeit von sechs bis acht Stunden. Heller legte entspannt den Kopf zurück, schloss die Augen und tankte noch etwas Sonnenbräune für diesen Auftrag.

Dann ging er langsam und glücklich zurück zum S-Bahnhof.

4

Der goldene Oktober mit seinem in die Verlängerung gehenden, strahlenden Altweibersommer, die Jahreszeit, die Heller am meisten liebte, fiel in diesem Jahr aus. Zwar hatte der Herbst noch milde Tage, doch das Wetter war anders als im September regnerisch, grau und stürmisch und wurde kaum einmal gekrönt durch Licht und einen blauen Himmel.

Der See, dessen purer Anblick ihn immer schon beglückte, war verwaist. Heller wanderte jetzt umher durch Städte ohne Seele und Anziehungskraft. Ein Quäntchen Schönheit entdeckte er nur, wenn er ihren Lärm ausblendete und stattdessen Musik hörte.

Er fuhr hierhin und dorthin, meist mit der S-Bahn, ruhelos und getrieben auf der Suche nach etwas, das Bestand haben könnte. Die Dunkelheit setzte abends immer früher ein und schien morgens nicht weichen zu wollen. Bald schon würde er wieder die Nächte nutzen können.

Die Fußgängerzonen der Städte unterschieden sich kaum noch voneinander. Überall die gleichen Ketten, die gleichen Firmenlogos auf Schildern und Leuchtreklamen, das gleiche Sortiment in der gleichen Inneneinrichtung. Läden mit billigem Schmuck wechselten mit solchen für billige

Textilien und Ein-Euro-Shops. Süßigkeiten-Outlets boten Schokolade, Kekse, Tee und Pralinen, die in Russland oder Polen hergestellt worden waren und deren Mindesthaltbarkeitsdatum abgelaufen war, zu Schleuderpreisen an. Und dann gab es die wie Pilze aus dem Boden schießenden Nagelstudios, in welchen asiatische Frauen mit Mundschutz Kundinnen künstliche Fingernägel aufklebten.

Heller hatte nacheinander die Innenstädte von Dortmund, Bochum und Wuppertal besucht. Seine Buchungslage war zur Zeit ruhig, er arbeitete an zwei oder drei Tagen in der Woche. An freien Tagen trieb es ihn hinaus, und das Wetter ließ ihm keine Wahl als die Städte aufzusuchen.

In Wuppertal liebte er es seit langem, mit der Schwebebahn zu fahren, ohne Ziel, einfach von hier nach dort. Er saß am Fenster und genoss den Blick aus der Vogelperspektive, aus der *eagle cam*, wie das in seiner Branche hieß, der perfekte Film, in gleichmäßigem Fluss, in allumfassender Distanz und unterlegt nur mit dem leisen Surren der dahin schwebenden Bahn.

Einmal hatte er Teresa zum Geburtstag überrascht mit einem Ticket für die Schwebebahn. Sie waren die gesamte Strecke gefahren, von Vohwinkel nach Oberbarmen und wieder zurück, hoch oben über dem Flüsschen, hier durch enge, von Häusern gesäumte Straßen, dort an freien Plätzen entlang, eine fantastische Reise wie durch Metropolis.

Heller fand diese Idee poetisch, doch Teresa hatte seine Begeisterung nicht geteilt.

In der Nähe der Bahnhöfe blühten überall Drogenhandel und Prostitution. Nutten oder Stricher, meist noch in schulfähigem Alter, und als hartgesotten auftretende Dealer warteten auf Kunden. Neuerdings tummelten sich auch in den Einkaufsmeilen Menschen, die man besser mied, Taschendiebe, in Banden organisierte Bettler, Betrüger mit Sammeldosen. Auch wurde das Bild der Städte, seitdem Deutschland ebenso wie lange zuvor schon die Vereinigten Staaten, Großbritannien und Frankreich sich zu einem Einwanderungsland entwickelt hatte, geprägt durch eine Vielzahl von dort sich tummelnden Migranten, Türken, Männer vom Balkan und aus unverkennbar arabischem Kulturkreis, die, getrennt nach Ethnien, miteinander schwatzend, rauchend oder in ihre Mobiltelefone sprechend in Cafés oder auf Bänken saßen. Für exotische Farbtupfer sorgten muslimische Frauen, die Mehrzahl mit Kopftüchern und einige wenige gar in Vollverschleierung. Sie tauchten meist zu zweit auf, eine jede die Aufpasserin der anderen. Andere Frauen, von afrikanischer Herkunft, bevölkerten in ganzen Trupps die Innenstädte. Sie trugen Kleidung aus groß und bunt gemusterten Stoffen, gebärdeten sich laut in fröhlicher Geschwätzigkeit, hielten Kleinkinder an den Händen, schoben Kinderwagen vor sich her und erwarteten unverkennbar weiteren Nachwuchs.

Heller war jegliches radikale oder rassistische Gedankengut kategorisch fremd. Er hatte, anders als er das im momentan herrschenden gesellschaftlichen Klima um sich herum bemerkte, Menschen niemals nach ihrer Nationalität oder ihrer Herkunft beurteilt. Doch in der mit der nicht abebbenden Migrationswelle wachsenden Überfremdung seines Vaterlandes blieb es kaum aus, dass in der gleichzeitig wachsenden Unzufriedenheit der Alteingesessenen ein fruchtbarer Boden für einen neuen Faschismus bereitet wurde.

Er trat aus dem Bahnhof, ging im leichten Nieselregen über den Vorplatz und fuhr die Rolltreppe zu einer Unterführung hinunter. Jemand hatte die gelb gekachelten Wände mit Figuren besprüht. Eine sah aus wie ein Skelett oder ein Strichmännchen, das zum Kopfsprung ansetzte. Am gegenüber liegenden Aufgang flutete das Licht herab wie eine über jedermann ausgegossene Heilsbotschaft und erfüllte das Parterre der Passage mit einer Götterdämmerung. An einem Pfeiler spielten zwei junge Männer, Musikstudenten vielleicht, ein barockes Duett für Flöte und Violine. Vor ihnen stand ein geöffneter Geigenkoffer mit einigen Geldstücken auf rotem Samt. Heller empfand ihr ungebetenes Spiel als Eingriff in seine Privatsphäre. Er zog den Kopfhörer, den er wie ein Arzt sein Stethoskop um den Hals gelegt hatte, über die Ohren und lauschte seiner eigenen Musik.

There's a telephone ringing in an empty room…

Die sensationelle technische Errungenschaft des obendrein rauscharmen *noise-cancelling* entzückte ihn einmal mehr über alle Maßen. Zwischen den Ohrenkappen seines Kopfhörers blieb die restliche Welt ausgeschaltet. Er hörte nur das, was er hören wollte, nichts sonst.

Wie in Zeitlupe fuhr er die Rolltreppe auf der anderen Seite der Unterführung wieder hinauf. Er stand still auf seiner Stufe und bewegte sich dennoch. Ein tolles Saxofon-Solo erleichterte ihm die Einbildung einer grandiosen Kamerafahrt aus dem Untergrund in die Totale des Einkaufszentrums. Das war schön.

Oben ging er an Läden vorüber, die Mobiltelefone, Schuhe, Dekorationsartikel und Sanitätsbedarf verkauften. Die überdachte Halle war geschwängert mit Abluft aus einer Selbstbedienungsbäckerei, mit den Gerüchen gegrillten Fischs aus einem Imbiss und den vielen aus der Filiale einer Parfümeriekette sich schwer in die Atemwege senkenden Düften. Ein Obsthändler presste Orangen aus und bot den Saft in Einmalbechern an.

Heller nahm den Kopfhörer ab. Leise Musik schwebte über der Szenerie, ein von Psychologen entdeckter Trick zur Kaufanimation. Wasserfontänen stiegen und fielen in elliptischen Bögen in gekachelte Becken, ihr Rhythmus von kurzen Pausen unterbrochen. Wie ein Kind, das eine Wasserpistole im Stakkato abschießt, dachte er. Dann setzte er seinen Kopfhörer wieder auf und spielte das Stück nochmal.

In my windowless room
Night turns to day

Er hatte mit einem Mal den Wunsch, er könnte den Himmel von hier aus sehen. Er würde ihm zurufen:

And I reach out to touch you
This must be a lie
I call out your name
But there is no reply

5

Der Frosch musste eine vierspurige Straße überqueren, deren innere Fahrbahnen von einem endlosen Geschwader schwerer Lastkraftwagen bevölkert wurden, während auf den beiden Überholspuren mit Lichtgeschwindigkeit rasende Formel-Eins-Boliden die Klimakatastrophe vorantrieben. Die sich jenseits der Autobahn anschließende Schlangengrube war zum Glück als Einbahnstraße beschildert, was jedoch durch die nicht einzudämmende Gefräßigkeit der Reptilien ausgeglichen wurde. Dann folgte ein reißender Fluss, an dessen Oberlauf sich ein Sägewerk, eine mit defekten Reusen geschlagene Krokodilfarm und ein Eiablageplatz für Schildkröten befinden mussten, denn stromabwärts tummelten sich Baumstämme aller Größe, riesige Alligatoren und wahrhaft monströse Ungetüme von Schnappschildkröten. Gelang es dem Frosch, nicht nur um den Verkehr, über die Schlangen und vom Rücken der Alligatoren und Schildkröten auf einen Baumstamm und von da ans Ufer zu hüpfen, sondern auch dem bei diesen extremen Herausforderungen jederzeit drohenden Infarkttod zu entgehen, bedeutete das bei weitem noch keine Sicherheit, denn im Ufergras warteten nacheinander unersättliche Reiher und eine Armee mit Keschern bewaffneter Froschfresser, die alle grimassierten wie ein die Gipfel des Zorns erklimmender Louis de Funès. Für den unwahrscheinlichen Fall, dass der Frosch mit unbändig hurtiger

Findigkeit und im Vollbesitz seiner hinteren Extremitäten auch diese Attacken überstand, durfte er schließlich in den königlichen Brunnen tauchen, um aus dessen Tiefen der Prinzessin die goldene Kugel wiederzubringen und von ihr den seligen Kuss zu empfangen, der ihn für allezeit zum Prinzen machte.

GAME OVER – TIME LEFT 43“
(booiiing schooiiing tütelüüht tütelüüht)
SCORE: 200

Es kostete Heller fünfzehn Euromünzen, ebenso viele Frösche durch die Gefahren hüpfen zu lassen. Leider ließ sich nicht verhindern, dass vierzehnmal ein gelber Totenkopf auf dem Monitor erschien:

Uiuiuiuiuiuiuiuiuiuiuiuiuiuiuiuiuiuiuih

(Drei Frösche kamen unter die Räder, zwei wurden Opfer der Schlangen, zwei sprangen direkt in den Rachen eines Krokodils, ein Frosch endete als Appetithäppchen für eine Schnappschildkröte, ein anderer zerschellte an einem treibenden Baumstamm, einer erlitt den Stressinfarkt, und die übrigen teilten Reiher und Froschfresser unter sich auf. Nur ein einziger, Frosch Nummer elf, wurde von der Prinzessin unter scheppernden Blinken geküsst.)

Heller schaute sich um in der Spielhalle. Es war eine fremde Welt, sehr abstrakt. Sie entzog sich jedem Zugriff der Vernunft. Überall leuchteten Automaten mit grell blinkenden Lichtern durch die diffuse Dunkelheit. Die aus ihnen quellenden Geräusche erweckten die Assoziation defekter Roboter oder eines brutalen Science-fiction-Films, in welchem, eingeläutet von schrägen Klängen, soeben die Invasion der Außerirdischen stattfand. Vor einigen Jahren hatte er einmal einen Kino-Werbespot für eine Spielhöllenkette gedreht. Schon damals empfand er die andauernde, hochgradig stupide Geräuschkulisse als kaum zumutbare Strapaze für seine Nerven. Der Kameramann hatte ihn in wechselnden Einstellungen gefilmt, während er bei einem virtuellen Autorennen oder an einem Flipperautomat freudige Erregung vortäuschen musste. Als er sich später auf einer Kinoleinwand erblickte, erschrak er fast über diesen überdimensional großen Mann, dem er sein Gesicht gegeben hatte.

Heller beschloss, nicht noch ein weiteres Spiel zu machen. Er bahnte sich seinen Weg durch die eng nebeneinander stehenden Automaten nach draußen.

Der Himmel lag auf den Schaufenstern wie blauer Film. Autos fuhren im Glas der Scheiben gespiegelt, klein und sehr stumm. Die Stadt, die Welt hüllten sich in Schweigen an diesem milden Novembertag. Nur der Soundtrack würde Heller allmählich zurück in die Realität tragen, in eine Realität, die, wenngleich seine, dennoch schwebend und befremdlich schien. Er startete im Display seines Telefons die Wiedergabe der Musik und zog den Kopfhörer über.

It's a habit of mine
To watch the sun go down

Fast pedantische Obacht verwendete er darauf, die Straße zu überqueren, als würde er einem unsichtbaren Spieler zweihundert Punkte gutschreiben können. Weder Alligatoren noch Schnappschildkröten waren zu sehen. Eine banale Erleuchtung stieg in ihm auf: die Gegenwart war immer mysteriös, denn während sie noch ablief, begann klammheimlich die Zukunft, und die Vergangenheit entschwand unwiederbringlich in die Tiefen der Erinnerung. Weit hinten über der Stadt sah er einen Düsenjet in den Mittag steigen. Nichts wollte ihm einfallen, das mit diesem Symbol von sich ablenken könnte.

Gegenüber lag ein Café. Zeit für einen kurzen Lunch, dachte er, als er aus Gewohnheit auf seine Armbanduhr schaute. Einen Salat vielleicht oder ein Sandwich. Das Licht blendete seine Augen immer noch, es schmerzte fast nach der balsamischen Dunkelheit der Spielhalle.

Der Betreiber des Cafés war Italiener. Er begrüßte ihn mit einem *Buon Giorno*. Aus einem Radio erklang Musik. Heller kannte das Lied, es gefiel ihm, und er ließ den Kopfhörer um den Hals, wie einen Kragen.

Scintille cadute su noi
Curiosa luce io mi allontanai
E col cuore in pianto andai

Er verstand etwas Italienisch, seit dem Sommer vor drei Jahren, in dem er als Fotomodell in Mailand und Rom gearbeitet hatte. Das Bild von den auf uns herabfallenden Funken war schön. Leise summte er die Melodie mit. Ein seltener Moment, dachte Heller, so im Einklang mit der Welt um mich zu sein. Das war der Musik geschuldet. Ansonsten fühle er sich immer mehr entfremdet von allem.

Als er aus dem Café trat, war der Himmel eher grau als blau. Er ging los, ohne Ziel. An einem Platz, wo viele Busse warteten, einem Omnibusbahnhof, stand eine Plakatwand mit einer Werbung für alkoholfreies Bier. Zwei Männer, ein älterer und ein junger, saßen im anheimelnden Zwielicht einer Werkstatt, der eines Schreiners vielleicht oder eines Schlossers. Sie trugen blaue Arbeitslatzhosen über karierten Hemden und genossen den Feierabend bei einem Glas Hopfensaft. Der jüngere der Männer war Heller. Er erinnerte sich an den Aufnahmetermin für dieses Foto, im letzten März in einem Fotostudio in Mainz. Der Fotograf war nahe an der Verzweiflung, weil alkoholfreies Bier im Glas kaum schäumte, da hatte er seinen Assistenten losgeschickt, um zwei Kästen Pils zu besorgen. Dann wurde im Abstand von fünf oder sechs Fotos das schale Bier aus den Gläsern geschüttet und frisches eingefüllt, mit einer hohen weißen Schaumkrone. An der Rückseite der beiden Gläser klebte ein schmaler Streifen Silberreflektor, damit der Inhalt bei jeder Belichtung ein satt leuchtendes Gold suggerierte. Wie immer bei Werbefotos war alles Lug und Trug.

- Das sind Sie doch auf dem Plakat, sagte eine Frau in mittlerem Alter unvermittelt.

Sie hatte dunkles Haar, das sie auf altmodische Art zu einem Knoten zurückgekämmt trug. Vornehm wirkte sie, aber auch streng, ein bisschen wie eine Zeugin Jehovas.

Heller lächelte, wie zur Entschuldigung. Jede Verwechslung war ausgeschlossen.

- Sie sollten sich schämen, meinte die Frau noch und ging weiter, ihre Empörung mit sich nehmend.

Vor ihm tat sich ein grau gepflasterter Platz auf. Darüber war auch das Licht noch immer grau. Heller stellte sich vor, in einem von der Stylistin besorgten Anzug von BOSS durch einen grauen Aufbau, einen Set von Pappmaché-Kulissen zu gehen, für eine Aperitif-Kampagne oder eine After-Shave-Anzeige. Der Fotograf benutzte ausschließlich Tageslicht, und ein Graphiker malte in der Nachbearbeitung am Computer blaue Tupfen in seine Krawatte.

- Sie haben recht, murmelte er leise vor sich hin, ohne daran zu denken, dass die Frau längst weitergegangen war und ihn nicht mehr hören konnte.
- Sie haben recht, aber ich habe gar kein Schamgefühl mehr.

6

Kurz nur schlich ein Rauschen durch die Membranen. Als sogleich darauf der Rhythmus einsetzte, ein tönerner *drum beat* aus einer Computermaschine, ließ Heller den Kopf gegen die Nackenstütze fallen und stellte sich vor, es geschähe in Zeitlupe und er federte zurück wie von einem Trampolin. Eine fast identische Szene aus einem Film von Martin Scorsese fiel ihm ein, wo der Held, gespielt von Harvey Keitel, sich in sein Kopfkissen bettete, und im gleichen Moment setzt die Musik ein.

Geräuschlos fuhr die S-Bahn an.

Meet beneath the autumn lake
Where only echoes penetrate

Er gebrauchte seine Augen wie die fließende Einstellung auf einer Kamerafahrt, sein Blick glitt die Eisenträger der Bahnsteigüberdachung entlang, einen Stützpfeiler hinunter, eine beschwingte Diagonale liebkosend an Hinweisschildern vorüber, im Kreis um eine hängende Bahnhofsuhr, bis seine Wahrnehmung wie ein Zoom-Objektiv aufblendete und in einer wachsenden Totalen aus dem Bahnhof fuhr.

Heller saß mit dem Gesicht zur Fahrtrichtung. Draußen flog ein Wald vorbei, eben begonnene und nie vollendete

Bäume, Vergehen schneller noch als Werden. Das Leben ist ein großer Impressionismus, dachte er resigniert. Auf einer Weide, gleich nach dem Wald, grasten Kühe, schwarzweiß gefleckt. Auch sie flogen an ihm vorbei. Die Bilder infiltrierten sein Gedächtnis und entwichen zur gleichen Zeit. Die Landschaft verlor sich.

Hypnotisiert, von dem Film vor seinen staunenden Augen und der von Maschinen erzeugten Musik, sah Heller an den Himmel. Er trug ein monochromes, helles Azurblau, und Oberleitungen liefen wie Notenzeilen vor seiner Unendlichkeit. Obwohl er nicht eine Wolke erblickte in all der überwältigenden Klarheit, war da keine Sonne, aber einmal, als die Bahn auf einer Hochtrasse an einer tiefer gelegenen Häuserzeile entlangfuhr, lag es in den Dachfenstern wie Gold von ihrem Widerschein.

Sehr ruhig, fast als würde sie schweben, glitt die Bahn in den Gleisen daher. In den Abteilfenstern spiegelte sich die Deckenbeleuchtung. Am oberen Rand der Scheiben, direkt vor dem Himmel, entstand durch die Spiegelung die Illusion, mitten im Himmel sei ein Riss, aus welchem ein Gleißen, die Emanation eines Gottes vielleicht, herab strömte. Die Fenster waren aus Doppelglas, und die äußeren Scheiben trugen einen metallbedampften Schutzfilm gegen die Sonnenbestrahlung. Manchmal, je nach dem Einfall des Lichts, schienen sie die Dinge draußen mit roten oder grünen Konturen zu umgeben, wie ein dreidimensionales Bild, welches man ohne die zugehörige Brille ansah.

An einer Station stieg eine Gruppe Taubstummer ein. Sie setzten sich, auffallend leise, in zwei Abteilungen gegenüber von Hellers Sitz und gestikulierten mit kreisenden Händen und exaltierter Mimik. Gebannt sah er ihnen zu, belauschte sie, ohne zu lauschen, denn sie verharrten ja in ihrer Stummheit. Zuerst dachte er, es wären Idioten, denn sie verzogen die Gesichter, als hörten sie Stimmen. Doch dann merkte er, dass es ihre Sprache war, das Instrument, mit dem sie kommunizierten. Voller Grazie war diese Sprache, klar und kurz, wie eine Hohe Schule der Pantomime, aber prall von Inspiration auch, eine neuartige Lyrik des Esperanto, ganz ohne Laute und dennoch onomatopoetisch. Manchmal, in Momenten geglückter Mitteilung, begleitete ein ungeübter Laut ihre Gesten, ein kicherndes Fauchen oder ein überschäumendes Grunzen der Freude.

War es schlimm oder war es schön, taubstumm zu sein? Heller fragte sich, ob sie Selbstgespräche vor dem Spiegel hielten. Mit ihren Händen formten sie Rhythmus, Harmonie und selbst Melodie, sie unterlegten die Welt mit einer gestischen Komposition, aber sie kannten nicht die Musik, sie würden niemals das Entzücken verspüren, das Heller empfand, wenn er den Kopfhörer aufsetzte.

Hinter den Häusern begann ein ausgedehntes Industriegebiet. Pfähle mit Firmenschildern wiesen Ortsunkundigen vor den Kreuzungen den Weg. Im Vorbeifahren las Heller, dass hier ein Bowling- und Squash-Center entstand. Er sah Speditionen, Lackierereien, mehrstöckige Bürogebäude, Fabrikhallen und einen Raiffeisenmarkt. Die Bahn fuhr zu schnell, um alles vollständig zu katalogisieren. In einem hier inmitten des Gewerbeparks gelegenen Fotostudio, so erinnerte sich Heller, hatte er vor einiger Zeit Modell gestanden für ein Foto, welches eine Holzschutzlasur bewarb. Mit ihm auf dem Bild waren eine Kollegin, die seine Frau spielte, und ein Bobtailrüde, der auf den Namen Teufel hörte. Heller hatte den Hund unentwegt mit Salamischeiben gefüttert, um ihn während der Belichtungszeit bei Laune zu halten.

Er sah in die Landschaft hinaus, die längst begonnen hatte. Der Himmel trug ein Blau von beinah verstörender Zärtlichkeit. In dieser Klarheit konnte man weit sehen, weiter fast noch als bis zum Horizont. Die Wiesen schienen mit Pastellkreide gemalt, wunderbar grün und kurzgemäht. In gerader Linie, in strenger Formation, standen Pappeln an einem Feldweg, kahl schon und nur die Spitzen noch belaubt. Sie sahen aus wie Pinsel, die man in grüne Farbe getaucht hatte. Eine Elster flog auf von einem der Bäume, ein unverhofftes Schwarzweiß in diesem bunten Herbsttag. In einem Birkengehölz verschwand sie, die Schwanzfeder zur Landung steil aufgestellt.

Kiefernwälder mit roten Stämmen und dunkelgrünen, bizarren Kronen schwammen vorüber. Links am Himmel marschierten weiße Wolken auf wie eine Armee geplatzter Baumwollkapseln. Hellers Puls ging schneller, als aus der Liste seiner Lieblingstitel ein Lied gespielt wurde, das er lange nicht gehört hatte. Er verband Erinnerungen damit, wann, wo, bei welcher Gelegenheit er es zuerst gehört hatte. Es war ein nostalgisches Glück, auch wenn das Lied düster und traurig auf ihn wirkte.

No blind spots in the leopard's eyes
Can only help to jeopardise
The lives of lambs, the shepherd cries

Wenn das Wetter morgen mitspielte, würde er an den See fahren, dieses Mal vielleicht auf die gegenüber liegende Seite, die er bisher nur aus der Entfernung kannte.

7

Heller ging durch den Altstadtkern einer kleinen Stadt mit ihren schiefen Fachwerkhäusern. Sie standen in schmalen Gassen, durch welche jeweils immer nur ein Automobil fahren konnte. An einem kleinen Rondell, das um eine Kirche herum gebaut war, bildeten die alten Häuser einen elliptisch angeordneten Kreis. Gediegen wirkte es und gemütlich. In Blumenkästen auf dem Kopfsteinpflaster wucherte Verblühtes oder Immergrün. Holzbänke und Gartentische zeugten vom Sommer, der vergangen war.

Seine Augen schauten die Dinge rings um ihn an mit einer akribischen Zärtlichkeit, während er sich gleichzeitig selbst dabei beobachtete, in perfekter Synchronie. Er war Betrachter wie ebenfalls auch Hauptdarsteller, gespalten nicht, sondern in Zweisamkeit geeint mit sich. Ein allumfassender Überblick, der sich anfühlte, als befand er sich in einer eigenen kleinen, überschaubaren Welt, wie in einer Schneekugel zum Beispiel, ein Arkadien, ein geglückter Ort vollkommener Unabhängigkeit, eine von allem abgekapselte Enklave des Glücks.

Ein Lichtreflex im blanken Bügel des Kopfhörers funkelt wie ein Leitgestirn.

Die Musik in seinen Ohren, der Soundtrack seiner Isolation, verstärkte in ihm noch den Eindruck, dass auch er nur eine Fiktion war. Alles war zur Fiktion geworden, seitdem Teresa ihn verlassen hatte. Aber er dachte weniger häufig an sie, die ihm einst alles bedeutet hatte.

Manchmal gelang es ihm nicht, einen schlüssigen Beweis für seine Existenz zu finden, selbst dann nicht, wenn er sich Schmerz zufügte. Auch der Schmerz konnte noch fiktiv sein, wie alles um ihn herum, die Häuser, die Stadt, das Licht, der Himmel, sein bisheriges Leben, selbst die Fiktion konnte nur fiktiv sein.

Wenn dem so war, dann hoffte Heller nur, sich nicht in einem langweiligen Plot zu befinden. Er verbrachte seine Zeit oft tatenlos, nichts geschah. Ein Tag verging wie der andere, ohne Ereignisse. Aber er meinte nichts zu vermissen. Vielleicht aber redete er sich das auch nur ein.

Die Fußgängerzone öffnete sich zu einem kleinen Platz mit einem Brunnen ohne Wasser. Essigbäume standen in quadratischen Lücken der Bepflasterung. Ihre Stämme waren mit Tauen umwickelt. Es schien, als befürchtete jemand, sie könnten umstürzen, denn sie wurden rings von aufwändigen Pfahlkonstruktionen gestützt. Am Himmel stach eine späte Schar Zugvögel wie eine Lanze in den Süden.

'Mehr denn je zählt heute zu den heroischen Qualitäten, nie das Opfer einer Geiselnahme gewesen zu sein. Die moderne Welt erfindet

grundlegend andersartige Systeme der Auszeichnung. In der Kombination von unverschuldeter Größe und der unendlichen Summe von Koinzidenzen liegt die Besonderheit eines jeden, welche ihn nahezu ohne sein Zutun vom Wust des Selbstverständlichen unterscheidet."

Heller lachte. Die Feuilletonschreiber waren immer im Recht. Sie boten präzise Unterhaltung und taten niemandem weh. Im Aushangfenster der Lokalredaktion blickte ihn sein immaterielles Spiegelbild an. Die Kulturseite war mit vier Reißzwecken an eine Displaywand geheftet. Er überlegte, was seine unverschuldete Größe ausmachen könnte. Er ließ Frösche auf Krokodilrücken springen, doch eine heroische Qualität vermochte er darin nicht zu erkennen. Welche Koinzidenzen summierten sich zu seiner Besonderheit? Er tauchte in Fiktionen ein, aber er betrachtete diesen harmlosen Tick kaum als relevant für ein System der Auszeichnung.

Jede Verwechslung war ausgeschlossen.
Jede Berufung war absurd.
Jede Auszeichnung würde immer nur zufällig sein.

Der tiefe Himmel lastete auf den Dächern. Ein Licht, nicht blau, nicht grau, erweckte die Illusion, das Meer sei nah. Heller schaute nach oben. Er resignierte beim Versuch, die Farbe des Himmels zu bestimmen. Das Licht hing klar und ohne Wolken herab und verlangte nach einem neuen Wort. Nylon, dachte er, es ist wie Nylon. Aber dann sagte er sich, dass Nylon keine Farbe war.

Gern hätte Heller, so wie er Modell stand für obergärige Biere, Krankenversicherungen, Automobile und Designermöbel, auch Pate gestanden für einen Begriff wie Röntgenstrahlen, Beringsee oder Sadismus, aber er wusste genau, weder seine physikalische Kapazität noch sein Forschergeist oder seine Art zu fühlen waren spekulativ genug für eine derartige Auszeichnung. Eine alte Münzeinheit immerhin, der Heller, hieß so wie er. Das stimmte ihn froh und ließ ihn lächeln.

Einfach in ein Taxi steigen und dem Fahrer sagen:

- Fahren Sie los, egal wohin…

Er erinnerte sich an einen Film, in dem eine Szene vorkam, wo ein Mann genau das sagte, eingehüllt in das Heldentum einer strahlenden Orientierungslosigkeit.

Heller verlor sich und fand sich in der Imitation fremder Verhaltensweisen. Was bleibt mir sonst, dachte er, fast mit Resignation. Alles ist dagewesen, nichts mehr neu. Keine Revolution, weder in Politik noch in Geschmack, spuckte ein klein wenig Heroismus aus.

Nur die Perfektion der Nachahmung bleibt zu üben.

Langsam, als müsse er jeden Moment auskosten, ließ Heller das Gewirr der Gassen hinter sich. Der Himmel trug einen Schein, wie wenn es doch eine Sonne gäbe. Eine plötzliche Eingebung beruhigte ihn so, dass er wiederum lächeln musste.

Wenn tatsächlich alles, wirklich alles, nur eine schöne Fiktion war, wer war es dann, der sie sich ausgedacht hatte?

8

Beim Aufwachen befiel ihn anfangs noch diese Unentschlossenheit über den Ablauf des vor ihm liegenden Tages, doch dann lockte ihn der lichte Herbstmorgen, und er beschloss nach einem Blick an den strahlenden Himmel spontan, nochmals an den See zu fahren, vielleicht zum letzten Mal in diesem Jahr. Niemand konnte sagen, wie viele milde Tage es vor dem bald anbrechenden Winter noch geben würde.

Also war er wieder hergekommen und erfreute sich einmal mehr an der zauberischen Magie des Ortes. Fast fühlte er sich zuhause an diesem Teil des Stausees, er, der nirgendwo eine Heimat zu haben glaubte.

Heute hatte er die Absicht, eine Strecke zu gehen. Ohne Kontemplation, ohne Meditation, ohne Ziel, einfach nur vorwärts, bis sein Gefühl ihm sagte, es wäre Zeit kehrtzumachen. Er wollte seine Gedanken sich selbst überlassen, die reine Luft atmen, die Sinne verwöhnen. Von seiner plötzlichen Energie war er selbst überrascht. Die langsam in den Zenit steigende Sonne bescherte ihm bereits am Vormittag Temperaturen von mehr als fünfzehn Grad. Es war, Wetterkapriolen der Klimaerwärmung, untypisch für die Jahreszeit, aber dennoch angenehm warm unter einem blauen und kaum bewölkten Firmament.

Heller erreichte die Uferpromenade am Regattaturm, einem der markantesten Punkte am Baldeneysee. Er schaute hinüber zur Staumauer, wandte sich dann aber wiederum nach links in Richtung Heisingen, nicht der zögernde Spaziergänger, als der er, sorgsam kultiviert, meist unterwegs war, sondern strammen Schrittes, militärisch fast. Am *Seaside Beach*, einem privat betriebenen Areal für Freizeitaktivitäten, musste er den See für eine Strecke verlassen, weil der Spazierweg an der Rückseite des das Ufer okkupierenden Geländes vorüber führte. Durch den Zaun sah er hoch oben in den Bäumen einen Kletterpark, dann einen Minigolfplatz, das mit Sand aufgefüllte ehemalige Schwimmbecken, in welchem sich nebeneinander mehrere Volleyballfelder befanden, und eine große Fläche mit ebenfalls aufgeschüttetem Sand und Loungemöbeln, die ein Gefühl von Strand suggerieren sollte. Ein Kiosk stand inmitten dieser *chill-out*-Zone, dort wurden Getränke und kleine Speisen verkauft. Im Sommer fanden hier bisweilen Open-Air-Konzerte statt. Heller erinnerte sich, er hatte einmal ein von einem Radiosender gesponsertes Konzert besucht.

Er ging zügig weiter. Nach einer steinernen Unterführung, die er durchschritt, gelangte er bald wieder ans Wasser, und die Seelandschaft öffnete sich weit. In dem sich vor ihm ausbreitenden Panorama erblickte er hier und dort kleine, improvisierte Hafenbuchten, in denen eine Anzahl Segelboote an Metallstegen vertäut lag. Ein Kajak fuhr eine Stück weit vom Ufer entfernt, fast in der Mitte des Sees. Sanfte Wellen schwappten in einem sich ausbreitenden

Kreis von ihm fort. Das Licht tanzte in Tälern und auf Kämmen, heller hier und dunkler dort. Blau, grau, silbern brach es sich am Spiegel des Wassers. Die Schönheit ergriff Hellers Herz mit Macht. Er konnte den Blick nicht abwenden von dem erhabenen Schauspiel.

Nur einige wenige Spaziergänger waren hier unterwegs, ab und zu überholt von Radfahrern oder Skatern. Dann teilte sich der Weg in einen für Fußgänger und einen parallel nebenher gehenden für Radfahrer. Heller kam am Förderturm einer stillgelegten Zeche vorüber. In laubgrünem Farbkleid ragte er in den Himmel als ein stählernes Industriedenkmal, ein Monument nostalgischer Rückbesinnung, von denen es so viele jetzt gab in der sich ihrer Historie mit Stolz erinnernden Region.

Einige Zeit später, an einem anderen Abschnitt des Sees, Heller schätzte, er hatte nicht weniger als vier Kilometer zurückgelegt, begegnete ihm eine Frau. Sie war von ansprechendem Äußeren, mochte vielleicht dreißig Jahre zählen und schaute ihn mit einem zaghaft fragenden Lächeln an, während sie aneinander vorübergingen. Irgendetwas an ihr erinnerte ihn an Teresa, die Art wie sie ihr Haar trug, ihr Gang oder der Blick aus ihren Augen, der ihn zu ermuntern schien. Er wusste nicht genau, was es war. Zur gleichen Zeit spürte er ein Bedauern, dass sie beide Fremde waren. Eine Aura von unheilbarer Einsamkeit umgab die Frau, eine nahezu sakrosankte Unerreichbarkeit, welche sie äußerst begehrenswert erscheinen ließ. Aber vielleicht redete er sich das auch nur ein. Seine kaum sehr ausgebildete Fähigkeit zur Interpretation des Mehrdeutigen hatte ihn bereits oft im Stich gelassen.

Im Kopfhörer schien die Musik, wie immer Streicheleinheiten für sein Trommelfell, in diesem Moment zu explodieren. Eine kreischende Gitarre schrillte über einem aggressiv pulsierenden Tamburin:

In glory days that come and go
Some promised land
Love Song

Im Weitergehen drehte Heller sich nach der Frau um, einmal, zweimal. Er wollte feststellen, ob sie sich auch nach ihm umdrehte. Sie tat es nicht, und er war enttäuscht. Aber möglicherweise hatte sie sich auch umgewandt, während er gerade nach vorne geblickt hatte.

Ein Stück Weges weiter setzte er sich auf eine Bank und schaute aufs Wasser. Das gegenüberliegende Ufer war weit entfernt. Drüben auf der Promenade bewegten sich Radfahrer, klein und hurtig wie Ameisen. Unmittelbar dahinter befand sich ein Campingplatz, Wohnwagen und Zelte standen mit Aussicht auf den See. Zwei Kanadagänse flogen von dort auf das diesseitige Ufer zu. Ihr Flug ging niedrig über das Wasser, manchmal schienen ihre Flügelspitzen die Oberfläche des Sees zu berühren. Sie gaben seltsame Laute von sich, fast wie ein Klagen, und landeten nicht weit von ihm entfernt. Dann ruderten sie grazil die wenigen Meter bis zur Uferböschung, stiegen watschelnd aus den Fluten und pickten mit den Schnäbeln Grashalme.

Heller spürte eine beinah hypnotische Kraft, die vom See auszugehen schien. Versunken in seiner Kontemplation saß er am Ufer, beseelt von einem überirdischen Glück. Manche Wellen kamen lebhaft und kräuselten sich, andere waren glatt, als trüge das Wasser eine Haut oder einen Ölfilm. Wenn die Wolkendecke aufriss, ergoss die Sonne ihre Strahlen über die Szenerie, und das Licht tanzte flirrend auf den Fluten oder es spielte dem stillen Betrachter einen Streich mit einem seiner Illusionistentricks, dass er an eine Sinnestäuschung glaubte.

Die Farben wechselten schnell. Manchmal zeigten sie sich fast schwarz, ein anderes Mal smaragdgrün, dann wieder metallisch silbern oder blau.

Heller hing einem erregenden Tagtraum nach. Er war eine Statue, regungslos und aus weißem Stein, Marmor oder gar Alabaster, und die Frau küsste ihn zärtlich und hauchte ihm Leben ein, wie in der Sage Pygmalion es tat. Vielleicht hätte er sie ansprechen sollen, dachte er, so wie sie ihn angeschaut hatte, erwartend oder ermunternd. Sie ging ihm nachhaltig durch den Kopf nach dieser nur Sekunden währenden Begegnung.

Rote und grüne Bojen markierten die Fahrrinne für die Weiße Flotte, die bis Ende Oktober auf ihren großen, von Aussichtsdecks beherrschten Binnenschiffen Rundfahrten über den See veranstaltete. Auch für die zahllosen Segel- und Sportboote dienten sie als Wegweiser. Vor dem Campingplatz am anderen Ufer dümpelte eine Vielzahl weißer Bojen im Wasser. Heller fragte sich, ob sie eine für die Benutzer zum Schwimmen abgegrenzte Fläche anzeigten. Aus der Entfernung hätte man sie auch für Schwäne halten können.

Er entschied sich umzukehren. Erfüllt von einer glückseligen Leichtigkeit und wieder ganz im Modus des Flaneurs trat er den Rückweg an. Das langsame Gehen verstärkte die Illusion einer kontinuierlichen Kamerafahrt. Seine Augen zoomten auf die Wasseroberfläche, die stahlblau oder aluminiumfarben schimmerte. Das tanzende Licht irritierte eine gesicherte Wahrnehmung. Es war polyvalent und nicht zu bestimmen und ließ alles umher vage erscheinen. Heller fühlte sich wie auf brüchigem Eis.

Bäume säumten die Promenade, zum Teil schon kahl. Sie warfen verästelte Schatten auf den Uferpfad, ein von der weißen Sonne gezeichnetes, bizarres Muster. Die unmittelbar am Ufer stehenden Bäume neigten ihre Zweige und sogar die voluminösen Stämme demütig dem Wasser entgegen. Auf den angrenzenden Wiesen jenseits des Weges balgten sich Hunde in freudigem Spiel. In einiger Entfernung stritten sich Raben um den Kadaver eines Tieres.

Schon von weitem sah er sie. Beschirmt von den Bäumen kam sie den gleichen Weg zurück, genau wie er hatte auch sie kehrtgemacht. Er konnte nicht verhindern, dass sein Puls beschleunigte. Das gnädige Schicksal war ihm gewogen. Heller verlangsamte seine Schritte. Fieberhaft überlegte er, was er tun sollte. Es traf ihn völlig unvorbereitet. Er hatte so gar nicht damit gerechnet, ihr noch einmal zu begegnen.

Aus dem Kopfhörer pulsierte die Musik und legte sich wie ein Nebel über seine Sinne. Fast hilflos schaute er auf den See, der jetzt glatt wie ein Spiegel lag, und von dort aus hinauf an den Himmel, wie so oft, wenn er Beistand suchte und Rat. Mehr als je zuvor wurde ihm in diesem Moment schmerzhaft bewusst, dass er ganz allein auf sich gestellt war, unabänderlich für alle Zeit. Jeglicher Mut hatte ihn verlassen. Eben noch hatte er von ihr Erlösung erhofft in seinem schönen Tagtraum, doch jetzt erschien ihm die von ihrer Person ausgehende Verheißung zu groß, kaum zu ertragen.

Wiederum deutete die Frau ein zaghaftes Lächeln an, wie beim ersten Mal schon, aber gleichzeitig glaubte Heller auch einen Funken Hoffnung darin zu erkennen. Ihre Augen, vom gleichen leuchtenden Blau wie der See, suchten, nicht ohne ein kurzes Zögern, im Vorbeigehen seinen Blick. Sie nickte kaum merklich, und ihre Lippen formten einen Gruß, unhörbar für ihn unter dem Kopfhörer. Es kam ihm vor, als sei sie in einem anderen Universum, Lichtjahre entfernt. Es gab keine Annäherung, es konnte sie niemals geben.

Dann war sie vorüber. Er schaute sich nicht um dieses Mal. Was für ein erbärmlicher, grotesker Narr bin ich nur, dachte er.

Mechanisch ging Heller weiter. Er bewegte die Füße wie in Trance. Die Musik erstarb plötzlich in seinen Ohren, ein Fiepen kündete an, dass der Akku leer war. In der Jackentasche trug er stets einen zweiten Akku als Ersatz bei sich und beeilte sich ihn auszuwechseln. Ohne Musik, das war eine der verbrieften Maximen seines Lebens, die ihm Halt gaben, ohne Musik wäre er verloren gewesen. Der Film durfte nicht aufhören, nicht jetzt, niemals.

9

Der Sommer eignete sich so gar nicht für sein Vorhaben. Heller brauchte den Winter, kalte Tage, wenn es früh dunkel wurde am Abend und morgens spät hell. Dann brach seine Jahreszeit an. Im Sommer hielt sich jedermann lange im Freien auf, in Gärten oder auf Balkonen. Da war es nahezu unmöglich, seiner geheimen Lust nachzugehen.

Ebenso galt es, Häuser mit Hunden grundsätzlich zu meiden; ihre empfindlichen Sinne witterten die Nähe eines Fremden selbst durch Wände hindurch. Und im Winter konnte frisch gefallener Schnee zum Verräter werden, man sah Fußstapfen auf Rasen oder Blumenbeeten. Auch im Dunstkreis hell erleuchteter Fenster zu stehen, die weder durch Rollläden noch Jalousien abgedunkelt waren und, wenn überhaupt, dann durch meist dünne Gardinen Licht nach außen durchließen, brachte stets die Gefahr einer Entdeckung mit sich. Und dann waren da noch die in der Vorweihnachtszeit wie grellbunte Kirmesbuden ausstaffierten Hausfassaden, von deren Dächern sich beleuchtete Nikoläuse abseilten oder illuminierte Rentierschlitten blinkten. Dort herrschte niemals Nacht, und er hütete sich vor Aufenthalten auf solchen Grundstücken.

In dieser Zeit des Jahres wartete Heller geduldig auf frühe Dunkelheit, trockenen Frost, mondlose Spätherbste, milde Dezembernächte und anbrechenden Frühling mit stürmischen Winden, wenn sich alle im Schutz ihrer beheizten und erleuchteten Häuser verkrochen. Während Hunde ihn zu sofortiger Aufgabe zwangen, machte er sich nichts aus Papageien, Kanarienvögeln oder Katzen. Die bemerkten ihn nicht oder kümmerten sich nicht um ihn. Vögel nahmen die Aufmerksamkeit ihrer Besitzer oft ganz in Beschlag und lenkten von dem heimlichen Betrachter ab. Und Katzen, diese stillen, unberechenbaren Wesen, die vermochte er nicht einzuschätzen. Vielleicht sahen sie ihn aus ihren schmalen, senkrecht aufgestellten Pupillen, wie er verborgen in der Dunkelheit der Gärten, hinter Gehölzen, Hecken und Zäunen auf seinem Posten stand, mit ihren die Nacht durchdringenden Katzenaugen, wenn sie in behaglichen Stuben auf Fensterbänken schnurrten und hinaus starrten wie Dämonen zur Abwehr des Unheils. Katzen, dieser Verdacht beschlich Heller, waren von Grund auf konspirativ, jederzeit bereit zum Verrat an denen, in deren Häusern sie lebten und die sie fütterten, in einiger Verschwörung mit allem, was heimlich geschah, wachsam und gleichzeitig diskret.

Nicht die mit schmalbrüstigen Balkonen gepanzerten Mietskasernen der Trabantenghettos, wo die Nächte prall waren von Kriminalität und Gefahr selbst dem unbeteiligt Schauenden drohte, waren Hellers Territorium. Auch nicht die von Außenscheinwerfern angestrahlten Bungalows der Ärzte, Anwälte und Fabrikanten in den parkähnlichen Villenvierteln, wo die Straßen nach Dichtern, Komponisten oder Physik-Nobelpreisträgern benannt waren. Eher schon die Ein- oder Zweifamilienhäuser an der Peripherie der Ortsmitte, nicht mehr als drei Bushaltestellen von Rathaus und Einkaufsstraßen entfernt, dort wo allenfalls Fernsehmechaniker, Beamte oder grüne Stadtparlamentäre wohnten. Hier wurde Heller eines repräsentativen Querschnitts durch das Leben ansichtig, hier paarte sich die dumpfe Existenz des Proletariats mit der exaltierten Geschmacklosigkeit der Aufsteiger, hier befand sich das wahre Kabinett der Monstrositäten, die pralle Schlagader des Daseins.

Am wenigsten interessierten ihn Menschen vor dem Fernseher. Ihr Lachen, ihre Erregung, alle ihre Stimmungen und Gefühle waren in Wahrheit nicht ihre eigenen, sondern, ablesbar in hektischen Schnittfolgen von ihren durch Fernsehbilder blau getünchten Gesichtern, bewirkt durch eine zweidimensionale Welt des Vergessenkönnens. Gelangweilt ging Heller sofort weiter, wenn er an ein Fenster kam, hinter dem jemand Fernsehen schaute. Er wollte Authentisches besichtigen, die reine Originalität, er wollte dem Außergewöhnlichen zuschauen, dem Leben selbst auf die Schliche kommen und nicht solch gefilterten *second hand* Emotionen.

Erotische Obsessionen bekam er selten zu Gesicht. Sie schienen niemals im Parterre stattzufinden. Nicht einmal war er Zeuge geworden eines Koitus unter der Dusche oder einer ausgefallenen Praktik auf dem Küchentisch. Badezimmer waren meistens mit undurchsichtigen Scheiben verglast, und ein draußen stehender Zuschauer konnte in den bewegten Schemen allenfalls erraten, was drinnen vor sich ging. Die Fantasie der Liebe war ausgestorben. Wenn Heller vor Schlafzimmern Halt machte, was selten geschah, sah er, vorausgesetzt das Licht war eingeschaltet, meist das Immergleiche: ein hochgeschobenes Nachthemd, heruntergezogene Pyjamahosen. Ein Mindestmaß an Entblößung blieb nun einmal unumgänglich für hastige Zusammenkünfte der Genitalzonen. Heller mochte dem nicht beiwohnen.

Er hatte viele, wie er sie nannte, Stammkunden, Häuser, die er immer wieder besuchte, weil die Gegebenheiten ihm sein Tun erleichterten. Manchmal nahm er an sich auch eine Gewohnheit wahr, eine kleine, mit der Zeit gewachsene Verbundenheit mit den von ihm Beobachteten. Die Studenten zum Beispiel in der Florastraße, zwei junge Männer und eine Frau, alle im gleichen Alter, teilten sich eine geräumige Wohnung, in der jeder ein eigenes Zimmer hatte. Es gab eine Gemeinschaftsküche, die als Aufenthaltsraum diente, und keiner der Räume ließ sich abschließen. Sie diskutierten oft über die unterschiedlichsten Themen, über ganz Banales, wer am nächsten Tag die Einkäufe erledigte, oder auch Politisches wie die Klimakatastrophe und das unaufhaltsame Erstarken der Rechtsnationalen, was sie einhellig als das düstere Erbe der Regierung Merkel ansahen. Dazu tranken sie Kannen an Kräutertee. Der eine der beiden jungen Männer stellte manchmal einen Stuhl unter die Türklinke seines Zimmers. Wenn einer seiner Mitbewohner dann zufällig hereinwollte, rief er durch die Tür, er mache gerade Yoga und wolle ungestört bleiben. Natürlich machte er niemals Yoga. Er zog die

Hose aus, stellte sich breitbeinig mit dem Hintern vor den Spiegel, bückte sich, den Kopf zwischen die Beine geklemmt, und schaute sich, indem er das Sitzfleisch mit seinen Händen auseinanderzog, beim Furzen zu.

Nicht weit entfernt, in einer Straße mit dem seltsamen Namen *Zum Irrtum*, wohnte eine junge Asiatin, vermutlich eine Thai, im Parterre eines Acht-Parteien-Hauses. Sie liebte es, sich die Zeit mit Karaoke zu vertreiben und sang zu populären Hits bis zur Unkenntlichkeit verzerrte Texte auf Englisch. Heller empfand immer großes Vergnügen dabei, sie zu beobachten. Hemmungslos vermischte sie die Konsonanten zu einem phonetischen Brei, und nur anhand der jedermann geläufigen Melodie konnte er erkennen, an welchem Lied sie sich gerade versuchte. Auch traf ihre in hohen Lagen zitternde Stimme die Töne oft nicht. Ihr Körperbau war fast der eines Kindes, und sie tanzte zu ihren emphatischen Vokaldarbietungen eine Choreographie, die vermutlich erotisch sein sollte, aber eher lachhaft war.

Ein anderer regelmäßig von Heller Beobachteter war ein auf der Ansembourgallee wohnender Mann. Er mochte vielleicht vierzig Jahre zählen, lebte dem Anschein nach allein und hielt in einem Zimmer, das nichts als Regale mit Terrarien beherbergte, einen ganzen Zoo an Würgeschlangen. Der Raum war stets hell beleuchtet, nicht allein durch Deckenlicht, sondern zusätzlich auch durch Wärmelampen, welche dem Zweck dienten, die Körpertemperatur der Tiere zu regulieren.

Obwohl Schlangen ihn abstießen, war Heller fasziniert von dem exotischen Anblick, der sich ihm durch die bis zum Boden reichenden Fenster bot. Er stand, abgeschirmt von den ausladenden Zweigen einer dicht benadelten Andentanne, in dem zum Haus gehörigen Garten und wagte kaum zu atmen. Einmal hatte er die Reptilien gezählt und war auf sechsundzwanzig gekommen. Einige, in denen er Kornnattern zu erkennen glaubte, schlanke, schöne, in auffälligem Rot-Weiß-Schwarz gezeichnete Tiere, die aus nichts als Muskeln zu bestehen schienen, lebten zu zweit in einem Terrarium. Andere waren getrennt voneinander untergebracht, in Behältnissen mit Sand, kleinen Steinen, kahl aufragenden Ästen und einer Schale mit Wasser. Wahrhaft furchterregend lagen im größten Terrarium, welches sicherlich einen Grundriss von dreimal einem Meter aufwies, zwei Boas, ineinander verschlungene Tiere vom Umfang junger Baumstämme und jedes weit über zwei Meter lang. Alle Schlangen bewegten sich, wenn überhaupt einmal, nur in extremer Zeitlupe, und dennoch verbrachte ihr Besitzer lange Stunden vor dem im Grunde nichtssagenden Schauspiel und ergötzte sich daran, eine Art perverser Meditation.

Im Abstand von ungefähr vier Wochen wurden die Schlangen gefüttert. Heller hatte mehrmals zugesehen dabei. Der Mann nahm dann weiße Mäuse aus einem Schuhkarton, fasste sie mit zwei Fingern an ihrem dünnen Schwanz und ließ sie in die Terrarien fallen. Die Boas erhielten Ratten, die zuvor in der zoologischen Handlung mit Gas getötet worden waren. Zur Fütterung wurden sie getrennt. Mit einem gebogenen Eisenhaken ergriff der Mann das eine Tier hinter dem Kopf und hob es an, um mit der freien Hand seinen Leib zu packen. Dann legte er es in eine bereit stehende Styropor-Box, verschloss sie mit einem Deckel und stellte einen schweren Topf mit einer Zimmerpalme obenauf, damit sich die Schlange nicht befreien konnte.

Die im Terrarium verbliebene Boa hatte es nicht eilig, die tote Ratte zu verspeisen. Sie nahm mit der Zunge Witterung auf und bewegte sich zunächst nicht. Erst nach einer ganzen Weile schlängelte sie sich in geradezu beängstigender Langsamkeit auf die Beute zu, um die sie sich sodann, obwohl kein Leben mehr in der Ratte war, in blitzschnellem Würgeangriff wand. Ihr grausiges Mahl begann sie viel später, regungslos schluckend und nur das bizarre Maul weit gedehnt.

Atemlos spürte Heller, wie sein Pulsschlag sich während des gesamten Schauspiels rasend beschleunigt hatte. Er wollte das nicht sehen, es verstörte ihn, und doch war es auch ein Gefühl von nie zuvor gekanntem Nervenkitzel, Zeuge dieses fremdartigen Treibens zu sein.

Was ihn jedoch am meisten irritierte bei all dem war das Verhalten des Mannes. Bei der Fütterung der Schlangen trug er, an dessen Körper sich außer den Wimpern kein einziges Haar befand und der sich selbst die Augenbrauen noch fortrasiert hatte, nichts als einen weißen Tangaslip. Heller konnte sich nicht erklären, warum er das tat. Vielleicht war es ein Ritual, eine religiöse oder esoterische Prozedur, deren Quelle rational kaum zu ergründen war.

Auch das: das Schauen, diese erregende, vibrierende Lust aus unsichtbarer Distanz am geheimen Leben der Anderen teilzuhaben, hatte er, ebenso wie er dort auf ganz neue Art das Hören erlernt hatte, damals in San Francisco für sich entdeckt. Die Frau am Fenster, die dort nackt saß und ganz unverhofft Hand an sich gelegt hatte, ohne dass sie ihn in seiner Verborgenheit als Zeugen ihres Tuns ausgemacht hätte, hatte mit ihrer provokanten Schamlosigkeit und in gleichzeitig arglosem Unwissen seinen Blick geschärft für das Wesentliche, hatte seine Anschauung revolutioniert auf eine ihm völlig unvorstellbare Weise, und der Aufbruch in eine ihm bis zu diesem Zeitpunkt nicht geläufige und in ihrer Fremdheit kryptisch verschlossene Welt erschien ihm nur die unabdingbar logische Folge dieser vom Schicksal erwählten Begegnung. Seither verspürte er diese alles überwältigende Faszination, diesen unumkehrbaren Drang, aus der vollkommenen Verborgenheit des heimlichen Zuschauers durch den Blick in erleuchtete Fenster an fremden Leben teilzunehmen, und er wusste mit absoluter Sicherheit, das würde immer so bleiben.

10

Als er aus dem S-Bahnhof trat, schien Regen aufzukommen. Am Himmel wölkte sich Grau, fast wie trockener Schiefer. Er überquerte einen Parkplatz und folgte einer kleinen Einkaufsstraße in eine verkehrsberuhigte Zone. Schilder wiesen auf eine Geschwindigkeitsbegrenzung hin. Rechts führte der Weg aus dem Gewirr der Gassen. Ein Auto musste in Schlangenlinien fahren, weil mit gusseisernen Pollern bewehrte Einbuchtungen im Wechsel rechts und links den geraden Weg versperrten. Heller dachte, dass es für einen Betrachter im Hubschrauber erscheinen musste wie ein offenstehender Reißverschluss.

Er wandte sich nach links. Am Ende der Straße ging er zwischen zwei schiefgebauten Häusern eine Treppe hinauf. Vor ihm lag der alte Stadtkern des Örtchens. Die Gassen waren mit Kopfstein gepflastert und viele Häuser aus Fachwerk mit grünen Fensterläden. In manchen der alten Häuser befanden sich Geschäfte, in dunklen, geduckten Räumen hinter Glasfronten. Bestattungsunternehmen wechselten mit Sargtischlereien, Cafés mit Devotionalienhandlungen, in deren Fenstern Holzkruzifixe, Madonnenfiguren und religiöser Kitsch feilgeboten wurde. Er mochte den Ort Neviges in seinem Dornröschenschlaf. Wie aus einer lange vergangenen Zeit erschien er ihm, das Relikt einer goldenen Ära.

Es gab eine berühmte Wallfahrtskirche hier. Heller sah ihr Betondach, das ein Zelt darstellen sollte, durch die zwischen den Häusern befindlichen Lücken. Es ragte über der Altstadt in den Himmel. Langsam ging er darauf zu. Er liebte diese Kirche. Wenn man hineintrat, war es, als ob sein Schutzengel, mit einem Mal ganz überflüssig im Haus des Herrn, sich von einem hob, hinauf in die Dunkelheit des Zeltdaches, um im Schutz eines undurchdringlichen Mysteriums Rapport abzulegen oder im Beschützen unterweisen zu werden. Welch ein schönes Bild, dachte Heller, jedem einen Engel zu erfinden, der über ihn wachte.

Im Inneren der Kirche schaute er zuerst nach oben. Vollkommene Dunkelheit lag unter der Zeltspitze und hüllte seinen Schutzengel ein. Die Stille schien herniedergereicht wie ein göttliches Gesetz. Links neben dem Portal begann eine vorgebaute Kapelle. Ein großes Fenster mit tiefblauen Scheiben warf ein mysteriöses Grottenlicht in das kleine Rund, in dessen Mitte eine stilisierte Mariensäule aus einem steinernen Rosenstock wuchs. Da wo ihr Schoß in eine Rose erblühte, war ein Gnadenbild in den Stein eingelassen. Eine Frau kniete davor, den Rücken zu Heller. Sie trug zu einem hellblauen Wollmantel ein blauseidenes Kopftuch, nicht in der Art, in der muslimische Frauen ihr Haar zu verhüllen pflegten, sondern eher wie französische Schauspielerinnen in den fünfziger Jahren sich den Anschein mondäner Unnahbarkeit gaben. Er ging weiter, um die Betende nicht zu stören.

Aus einer zum angrenzenden Kloster führenden Tür kam ein Franziskanermönch in brauner Kutte, ging hinüber zum Altar, blätterte die dort aufgeschlagene Messbibel um und verließ die Kirche durch die gleiche Tür. Aus einiger Entfernung läutete eine gedämpfte Glocke einmal. Heller hielt sich links vom Altar und gelangte in eine weitere Kapelle. Ihre beiden Außenwände wurden dominiert von zwei Fenstern, in denen das Licht durch die Darstellung zweier gigantischer Rosen aus rotem Bleiglas zu einem strahlenden Sonnenaufgang anschwoll. Draußen musste der eben noch graue Himmel wie durch einen Zauberschlag verschwunden sein, denn durch die Scheiben kam ein Gleißen, als würde blankes Feuer vom Himmel gegossen. Jenseits der Rosen schien nicht als die Sonne, und Heller war mit einem Mal unsagbar glücklich, erfüllt von Gnade.

Geblendet ging er, vorbei am Altar, in den dunklen Flügel des Doms. Vor der Figur eines Heiligen standen brennende Teelichter in Reihe wie in einer Schule der Aureolen. Er nahm aus einem Ständer eine Kerze und zündete sie an einer anderen an. Niemand fiel ihm ein, dem er das Licht widmen konnte. Gleich nebenan hing eine Ikone der Madonna. Ihre geheimnisvollen Züge traten fast ganz zurück in das goldene Dunkel der Grundierung, als müsste Offenbarung verschoben werden, weil alle Versuche einer Darstellung zum Scheitern verurteilt waren. Im tanzenden Licht der Kerzen schienen ihre Augen lebendig zu sein. Heller starrte fasziniert auf ihr Antlitz. Noch ihre Schönheit ließ sich nur vage erahnen.

Jenseits des Mittelgangs führte eine Treppe hinab zu den Beichtstühlen. Als er darauf zuging, wandte die Frau mit dem blauen Kopftuch ihm das Gesicht zu. Es war im Zwielicht der Kapelle nicht deutlich zu erkennen, aber Heller fand, dass sie, nicht nur wegen ihrer seltsamen Tracht, Ähnlichkeit mit der Madonna auf der Ikone hatte. Für einen Moment schien sie ihn fragend anzuschauen, dann war es, als ob sie nickte.

Am Fuß der Treppe lag auf einem Pult ein aufgeschlagenes Bittbuch. Heller ging langsam hinab, das Geräusch seiner Schritte warf ein Echo an die Steinwände. Im Buch blätterte er vor und zurück und überflog die oft von ungeübten Händen verfassten Eintragungen. *Lass mich einen Lebenspartner finden*, stand da. *Für einen schweren Pflegefall, für Klarheit bei einer beruflichen Entscheidung, für weniger Elend und mehr Frieden auf der Welt. Dass Anni und Irmgard uns immer zugetan sind. Herr, erbarme dich unser!* Dann eine Seite in osteuropäischer Sprache, polnisch vielleicht, verfasst von weither angereisten Wallfahrern. Das Wort *Matko* wiederholte sich oft. Jemand hatte geschrieben: *Kann unser lb. Vater wirklich wollen, dass wir mit Erbsen in den Schuhen in sein Heiliges Haus pilgern?* Ein anderer bat um *Beistand zu Erichs bevorstehender Gallenoperation, Herr! Ach du Mutter Gottes, hilf dass mein Mann an Gott glaubt und nicht immer zu dieser Person geht, und zertritt den Kopf der Schlange, dass er nicht so leiden muss! Warum nur muss ich ein Geschwür an meiner Familie sein? Madonna, mach dass ich vom Alkohol lassen kann! Herrliche Maria, gib mir meine Stimme wieder, die versagt einfach nach der Stimm-*

bandoperation! Eine Bitte für Beate, die auf den rechten Weg zurückfinden möge!

Heller hatte plötzlich das unbestimmte Gefühl, hier unten nicht allein zu sein, doch als er sich umschaute, erblickte er niemanden. Er überlegte, was er in das Bittbuch schreiben könnte. Ein kurzes Gedicht vielleicht, eines in dem sich *Madonnen* auf *Sonnen* reimte. Da wurde urplötzlich der Vorhang vor einer der Beichtkabinen zurückgezogen, und ein Junge, nicht älter als vierzehn Jahre, kam mit für diesen Ort unangemessen schnellen Schritten daraus hervor und ging an ihm vorbei die Treppe hinauf. Es sah aus wie eine Flucht. Sein Gesicht wirkte verschlossen, ja selbstbewusst, aber seine Augen schielten besorgt auf Heller. Während er hastig die Stufen erklomm, knöpfte er sich die Jacke zu.

Als er oben auf der Treppe angekommen war, schlüpfte aus der gleichen Beichtnische ein etwa gleichaltriges Mädchen. Sie wandte sich zu einer Heiligenfigur im Hintergrund und gab vor zu beten. Dann schlenderte sie aufreizend langsam auf Heller zu. Sie schaute ihm trotzig geradewegs in die Augen, ein wenig ordinär wohl auch. Ihre Jeanshose stand vorne offen. Oben auf der Treppe drehte sie sich um und streckte ihm die Zunge heraus.

Heller fiel ein Satz ein, den er auf eine neue Seite in das Bittbuch schrieb: *Vergib mir, ich habe oftmals in der Kirche Sündiges getan!*

Er stieg die Treppe hinauf. Die blaue Dämmerung der ersten Kapelle umgab ihn wie ein Meer am Abend. Am Gnadenbild der Mariensäule stand die Frau mit dem Kopftuch. Als sie Heller bemerkte, löste sie den Knoten, der es zusammenhielt, schlug einen Zipfel des Tuches vor ihr Gesicht und ging an ihm vorbei die Treppe hinab. Unten trat sie zum Bittbuch und verfolgte mit dem Zeigefinger Hellers Eintrag. Etwas schien sie zu befremden, denn sie schaute kurz auf, als dächte sie nach, und las den Satz nochmals. Da sie mit dem Rücken zu ihm stand, erriet er mehr, was genau sie tat. Dann machte sie abrupt kehrt und hastete, das Tuch vor ihrem Gesicht, die Treppe hinauf. Auf der letzten Stufe stolperte sie und wäre fast gefallen, wenn Heller sie nicht reaktionsschnell aufgefangen hätte. Dabei glitt das Tuch von ihrem Kopf und enthüllte in unmittelbarer Nähe zu ihm ihre Züge, die, das sah er in diesem Moment in absoluter Klarheit, ganz unzweifelhaft Modell für die Ikone der Madonna gewesen sein mussten. Sie war unglaublich schön, es tat fast weh, sie anzuschauen. Auf dem Gemälde war sie abgedunkelt dargestellt wie ein todbringendes Gestirn, hier und jetzt stand sie unverhüllt vor ihm, und trotz des fast kühlen blauen Lichtes entflammte sie ihn sofort. Heller hob das Tuch auf und wollte es ihr reichen, aber sie lief eilig weiter, dem Ausgang zu. Ihr Benehmen war mehr als merkwürdig. Er zögerte, sah auf das Tuch, dann hinter der Frau her, die eben durch das Portal verschwand.

Langsam, denn er befand sich in einer Kirche, folgte er ihr. Draußen war das Licht zurückgenommen, und der

Himmel hatte eine Farbe, als erstickte er. Eben bog die Frau am Ende des terrassierten Vorplatzes um eine Ecke.

- Warten Sie doch, rief Heller und lief los.

Als er die Ecke erreichte, konnte er sie nirgends entdecken. Ein roter Wagen bog eben in die Querstraße ein. Am Steuer saß ein Mann, eine weitere Person auf dem Beifahrersitz. Es konnte niemand anderes als die Frau sein. Heller hielt an, denn es war sinnlos, sie weiter zu verfolgen. Ihr Tuch kühlte seine Handfläche. Jetzt erst sah er, dass es grau war, von grauer Seide. In der Kapelle war es ihm durch das Licht blau erschienen. Ihm fiel ein Satz ein, den ein Fotograf ihm einst gesagt hatte:

- Licht ist alles, kann alles, Licht macht die Nacht zum Tag.

Aber im Einfall des Lichtes erschienen die Dinge oft als das, was sie nicht waren.

Er hob mit beiden Händen das Tuch, als schöpfte er Wasser zum Mund, und badete sein Gesicht darin wie in einer wundertätigen Quelle. Tief inhalierte er den Duft, ihren Duft, einem rachitischen Drogenschnüffler gleich, einem Spürhund, der Witterung aufnahm. Das Tuch roch nach altem Holz, nach Lavendelblüten und nach ihr. Einen Augenblick lang spürte er einen seligen Rausch in sich. Er sah immer wieder, wie ihre Augen ihn anblickten, herausfordernd und unergründlich, und sein Blut pulste in wildem Rhythmus durch seine Schläfen.

Und mit einem Mal, wie ein Blitz aus heiterem Himmel, überkam Heller eine Ahnung, dass er dieser Frau bereits irgendwann einmal in seinem Leben begegnet sein musste, nicht erst hier auf der Ikone im Dom, sondern wirklich, früher, in Fleisch und Blut. Doch wie sehr er sich den Kopf zermarterte: er konnte sich nicht erinnern, wann und wo das gewesen war.

11

Der rote Wagen war verschwunden. In der Eile und auf die Entfernung hin hatte er das Kennzeichen nicht erkennen können, nicht einmal das Fabrikat. Heller ging den leicht geneigten Hang zur Altstadt herab, über einen für Dombesucher gedachten Parkplatz bis hin zu einer Tür in der Außenwand des Klosters. Auf dem kleinen Platz vor dem Eingang stand eine Steinfigur des Heiligen Franziskus in einer marmornen Brunnenschale. Niemand war hier.

Heller bog um eine Ecke an die Schmalseite des Gebäudes, die von der alten Wallfahrtskirche begrenzt wurde. Ein von einer mit Lilien stilisierten Metallarbeit gerahmtes Schild an der Fassade wies auf den Eingang zur Klosterpforte hin. Kurzentschlossen läutete er. Eine Glocke ertönte im Inneren. Er wartete. Nach einer ganzen Weile näherten sich Schritte. Ein Mönch öffnete, ein älterer, wohlgenährter Mann, er trug Ordenstracht.

Heller stellte sich vor und sagte, er müsse in einer dringenden Angelegenheit den Guardian sprechen, worauf der Mönch ihn wortlos eintreten ließ. Er ging voraus, die braune Kutte der Franziskaner wallte bei jedem Schritt um seine Beine. Heller folgte ihm durch schmale, weiß verputzte Gänge bis zu einer Art Empfangszimmer. Der

Mönch bat ihn, auf einem der Stühle Platz zu nehmen, und sagte

- Bitte warten Sie einen Moment, Bruder Rutbert wird gleich bei Ihnen sein.

Heller trat zum Fenster. Verhangen, als harrte er einer bevorstehenden Enthüllung, stand der Himmel über dem Klosterhof. Das Fensterkreuz zwischen den Scheiben schien wie ein Mal auf seinem Grau. Es warf einen dünnen Schatten auf die gegenüberliegende Wand. An der seitlichen Wand hing ein Gobelin, der den Heiligen Franziskus darstellte. Heller überlegte, an wen seine Züge ihn erinnerten. Er fand keine Antwort.

Der Guardian trug die gleiche braune Kutte mit dem weißen Kordelgürtel wie der Mönch, der ihn eingelassen hatte. Er lächelte freundlich, bot ihm die Hand und sagte:

- Ich bin Bruder Rutbert. Sie wollten mich sprechen? In welcher Angelegenheit, wenn ich fragen darf?
- Es geht um die Ikone in der Wallfahrtskirche, welche die Madonna zeigt, antwortete Heller, den Kopf leicht geneigt.
- Ich bin gespannt. Aber bitte nehmen Sie doch Platz, sagte der Bruder und deutete auf einen Stuhl.

Heller setzte sich. Der Guardian nahm einen Stuhl ihm gegenüber und blickte ihn erwartungsvoll an.

- Ich würde gern den Ursprung, das heißt den Maler und die ungefähre Datierung des Bildes erfahren, begann Heller.
- Darf ich fragen, ob Ihr Interesse kunsthistorischer Art ist? erkundigte sich der Guardian.

Heller verglich seine Tracht mit der Mönchskutte des Heiligen Franz auf dem Wandteppich, welcher über ihm hing, und stellte verwundert fest, dass beide in Farbe und Schnitt völlig identisch waren.

- Eigentlich frage ich eher aus privaten Gründen, antwortete Heller ausweichend und faltete die Hände auf seinem Knie.
- Nun, soweit mir bekannt stammt die Ikone aus der Nowgoroder Schule um Andrei Rublev, vermutlich von einem namentlich nicht überlieferten Schüler des Meisters, und lässt sich in etwa in der ersten Hälfte des 15. Jahrhunderts datieren, sagte Bruder Rutbert.

Hinter dem Fenster zeigte der Himmel immer noch dieselbe Farbe von Blei, viergeteilt von einem Kreuz.

- Die Ikone ist eine Fälschung, ich bin absolut sicher, sagte Heller dann abrupt.

Der Guardian blieb ruhig. Er lächelte überlegen.

- Ich kann Ihnen meinerseits versichern, dass Sie sich irren. Die Ikone war ein Geschenk Kardinal Wyszynskis, des Primas von Polen, der dem Dom im Jahre 1978 einen Besuch abstattete, entgegnete er heiter.
- Ein Irrtum ist ausgeschlossen. Auch einen Kardinal kann man täuschen. Oder vielleicht wurde das Bild irgendwann einmal unbemerkt ausgetauscht, sagte Heller, ebenso lächelnd.
- Was veranlasst Sie zu dieser doch sehr gewagten Theorie, wenn ich fragen darf? Sind Sie Kunstexperte, fragte Bruder Rutbert, nun doch mit den ersten Anzeichen einer leichten Irritation.
- Leider nein, erwiderte Heller.
- Aber wie wollen Sie dann erklären…

Heller unterbrach den Guardian.

- Ich sah gerade eben beim Besuch des Doms die Frau, welche unzweifelhaft dem Maler Modell für dieses Bild gewesen ist. Nun frage ich Sie, wie kann eine lebende Frau einem Maler des 15. Jahrhunderts Modell gesessen haben?

Der Guardian atmete erleichtert auf. Offenbar hätte eine Kunstexpertise ihn eher aus der Fassung gebracht als die augenscheinlich konfuse Wahrnehmung eines nicht eben verlässlichen Augenzeugen. Lachend sagte er:

- Ich kann Sie völlig beruhigen. Es gibt ein Zertifikat mit Expertise über die Ikone. Die Herkunft ist unumstritten. Außerdem, die Züge der dort Abgebildeten sind kaum zu erkennen. Wie wollen Sie da irgendwelche Ähnlichkeiten konstruieren?

Mit einem Mal erkannte Heller, dass er hier nichts über die Identität der Frau in Erfahrung bringen würde.

- Vermutlich haben Sie recht, und meine Fantasie ist wieder einmal mit mir durchgegangen. Verzeihen Sie bitte die unnötige Belästigung, sagte er und erhob sich.
- Für einen Moment haben Sie mich tatsächlich verunsichert, entgegnete der Guardian und erhob sich ebenfalls.
- Dieser Gobelin gefällt mir sehr. Bestimmt ist auch er sehr alt, meinte Heller bewundernd und deutete auf den Wandteppich.
- Er stammt in etwa aus der gleichen Zeit wie die Ikone, allerdings nicht aus Russland, sondern aus Flandern, erwiderte Bruder Rutbert.

Heller konnte sich des Gefühls nicht erwehren, auch das Gesicht des Heiligen Franz bereits einmal gesehen zu haben. Alles schien ihm sehr rätselhaft. Vielleicht aber konstruierte er auch lediglich Zusammenhänge, die es gar nicht gab.

- Ich habe Ihre Zeit lang genug in Anspruch genommen. Vielen Dank für Ihr Entgegenkommen, sagte er und ging zur Tür.

Als er aus der Pforte des Klosters auf den Vorplatz trat, trug der Himmel immer noch dieses nicht auszulegende Grau. Heller setzte den Kopfhörer auf und startete die Musik.

Maximum Acceleration
Maximum Acceleration

Mechanisch setzte er einen Fuß vor den anderen, ohne zu wissen, wohin er ging. Die Frau spukte in seinem Kopf. Er musste sie finden, unbedingt. Irgendetwas hatte die Begegnung mit ihr in ihm in Gang gesetzt, er vermochte nicht zu sagen, was es war. Mit einem Mal war sein Leben stiller Kontemplation erfüllt von einer unverhofften Spannung.

Heller fühlte sich überrollt von einer Lawine von Fragen und Vermutungen. War sie die Madonna auf dem Bild? Warum war sie vor ihm geflüchtet? Welche Gründe gab es für ihr reichlich auffälliges Verhalten? Was hatte sie im Bittbuch gesucht? Hatte sie ihn verwechselt mit jemandem, der sich dort vielleicht durch ein Codewort legitimieren musste, um dann eine geheime Nachricht zu empfangen, zu überbringen? Diente die Wallfahrtskirche am Ende als toter Briefkasten in einer Spionageaffäre? Was wusste der Guardian vom Treiben in seiner Kirche? War die Ikone wirklich ein Geschenk des polnischen Kardinals und war sie echt?

Er atmete tief durch, um einen klaren Gedanken zu fassen. All diese Fragen wurden ihm eingegeben von seiner bisweilen überhitzten Fantasie, die immer wieder solch aberwitzige Verschwörungstheorien in ihm hervorbrachte. Beruhige dich, dachte er. Aber die eine entscheidende Frage, die vermochte er nicht so einfach beiseite zu schieben: woher kannte er die Frau?

Wie um eine Antwort, viele Antworten zu finden, schaute Heller aufwärts, er tat es oft. Prüfend, bittend oder fragend. Der Himmel ließ wie immer alle Möglichkeiten offen. Es war, als sperrte er sich gegen jede Form der Orientierung. Regen oder Sonne oder einfach weiter dieses Nylonlicht. Alles schien ihm fragwürdig. Nichts war entschieden. An einem Tag wie diesem, dachte Heller, würde die Welt beginnen oder enden.

12

Surreal wie blauer Curacao schwappte das kleine Schwimmbecken über, wenn die sieben alten Frauen sich auf einmal hineinstürzten. Zweimal in jeder Woche stand Aquagymnastik auf dem Stundenplan des Seniorenstiftes, jeweils montags und donnerstags früh um 7.45 Uhr. Gebadet wurde in Etappen. Zuerst waren die gehbehinderten Greisinnen an der Reihe, später die Männer, noch später die noch halbwegs Vitalen, bei denen Männer und Frauen gemeinsam schwimmen durften. Nachmittags benutzte die Heimleitung das Becken für die ambulante Rehabilitation. Dann kamen die Patienten der Orthopäden oder solche, die sich von einem Schlaganfall erholten.

Das Becken maß zehn mal zwölf Meter und maß eine Tiefe von nicht mehr als Brusthöhe. Vor Kopf führte eine von einem Handlauf gesäumte Treppe mit fünf Stufen hinein. An jeder der vier Seiten befand sich unter Wasser eine Strahldüse in der gekachelten Wand, die man durch einen darüber angebrachten, von rotem Gummi ummantelten Knopf einschalten konnte. Dann strömte der Wasserstrahl für fünf Minuten in das Becken und warf kleine Bläschen an die Wasseroberfläche.

Bevor den Greisinnen als erster Gruppe der Zugang zum Becken gewährt wurde, mussten sie im Beisein der Pfleger zunächst die Toiletten aufsuchen, weil sie ansonsten ohne Hemmungen ins Wasser urinieren würden. Dann deponierten sie allesamt ihre Zahnprothesen auf einem dazu bereitgestellten Tischchen, um den Pflegern zu ersparen, danach tauchen zu müssen, denn sie verloren sie während ihres Aufenthaltes im Wasser immer wieder.

Ihre Hinfälligkeit zwang sie seit langem, sich mit Krücken, Rollatoren oder gar Rollstühlen zu bewegen. Ohne Gehhilfen waren sie kaum noch in der Lage von der Stelle zu kommen und bewegten sich in der Manier spastischer Tanzbären, doch im Wasser, wenn es darum ging, einen der begehrten Plätze an den Wasserdüsen zu ergattern, glichen sie furiosen Haifischen, dass man sich wunderte, mit welcher blitzartigen Schnelligkeit sie als Kreaturen ohne Flossen oder Schwimmhäute die Wellen durchmaßen.

Die gekachelte Schwimmhalle blickte mit ihrer großen Fensterfront auf eine von Hecken gesäumte und für die Öffentlichkeit freigegebene Grünanlage. Im Sommer tummelten sich die Bewohner des Stiftes mit ihren Besuchern hier, spazierten auf den hell gekiesten Wegen zwischen Kastanien, Kirschlorbeerbüschen und Rasenkarrées umher oder nahmen auf einer der zahlreichen Bänke Platz. Jetzt im Dezember war der Park verwaist und frühmorgens in der nicht weichenden Dunkelheit ein sicherer Ort, um das Treiben der nackten Alten im Schwimmbad ungestört zu beobachten.

Heller stand verborgen in einem dichten Zypressengestrüpp und schaute gebannt dem Wettkampf der Greisinnen zu. Die grauen Haare in nassen Strähnen um ihre zahnlosen Gesichter, reiten die vier Glücklichen, die es als erste an die Wasserdüsen geschafft haben, auf dem Strahl und lassen sich verzückt die welken Schamlippen massieren. Die anderen drei paddeln missmutig umher und verfluchen den eben absolvierten Gang auf die Toilette. Wenn sie könnten, würden sie vor Wut ins Becken pissen. Einmal hatte eine verwirrte Alte, die im Sommer verstorben ist, ihren Stuhlgang ins Schwimmbad abgelassen. Danach hatte die Heimleiterin beschlossen, sie von der Aquagymnastik auszuschließen, was die ganze Truppe, ganz gleich ob dement oder nicht, von Nachahmung abhielt.

Ihr wildes Gelächter, ihr Schreien und Johlen drang durch die Scheiben in den Park. Wenn eine von ihnen einen Orgasmus hatte, kicherte sie erstickt, wie ein versaufender Motor. Dann wieder kreischte eine wütend, weil eine andere versuchte, sie von der Düse wegzudrängen. Manchmal kam es zu Handgreiflichkeiten. Die beiden Pfleger, die die Aufsicht hatten, schauten teils belustigt, teils angeekelt auf das kuriose Treiben. Ihre Aufgabe sah vor, die Alten zur Wassergymnastik anzuleiten, doch sie standen nur faul herum. Der Ältere von ihnen hatte die Physiognomie einer gelangweilten Bulldogge. Er kannte die Gepflogenheiten der Greisinnen seit vielen Jahren und ließ sich durch nichts mehr erschüttern. Der Jüngere war erst seit kurzem hier. Im Angesicht der unverfrorenen

Schamlosigkeit kämpfte er gegen eine Erektion, die sich unter seiner engsitzenden weißen Hose abzeichnete.

Mit rotgeschwollener Scham, prall wie die von Sechzehnjährigen, stiegen die Alten aus dem Wasser und verwandelten sich auf dem Trockenen zurück in plumpe Fossilien. Obwohl ihre Gebisse nach einem Nummernschema geordnet auf dem Tischchen lagen, gab es immer wieder Verwechslungen und Streitereien, weil sie einander nichts gönnten. Einige von ihnen trugen nach dem Bad Zähne im Mund, welche niemals für sie angefertigt wurden. Stoisch nahmen sie Zahnschiefstand und schmerzhafte Druckstellen in Kauf für den lächerlichen Triumph, die Pfleger mit einem brandneuen Gebiss verführerisch anlachen zu können.

Heller stand inmitten der Zypressen und spürte sein Herz laut pochen. Die Schönheit der Szenerie überwältigte ihn. Das Wasser war wie ein Jungbrunnen, der mit magischer Kraft Falten, Runzeln, Gebrechlichkeit und jegliche moralischen Vorbehalte einfach hinfort schwemmte. Es gab ein Bild von Cézanne, das hieß *Die Badenden*, daran fühlte Heller sich erinnert, wenn er den Greisinnen zusah.

Hinter den kahlen Linden im Park schob sich geräuschlos die fahle Dämmerung an den Himmel. Es war Zeit aufzubrechen, wenn er nicht gesehen werden wollte.

13

Es war das übliche Licht, in dem Heller saß und wartete. Eine goldreflektierende Röhrenwanne für die Weichzeichnung schräg über ihm, ein Spotlight mit Wabenraster als Kopflicht, dessen Funktion es war, sein Haar nicht als breiig zweidimensionale Fläche erscheinen zu lassen und eine räumliche Dimension durch Schimmer vorzutäuschen, links vor ihm dann eine weitere Lichtwanne, quadratisch und mit weißem Stoff abgeschirmt, die sein Gesicht aus dem abgedunkelten Raum modellierte, schließlich rechts vor ihm eine senkrechte Wand aus Styropor, Aufheller genannt, denn seine rechte Gesichtshälfte durfte nicht völlig im Schatten liegen, sondern musste durch den in der Reflexion indirekt zurückgenommenen Blitz Konturen erhalten.

Unmittelbar vor Heller stand die Kamera auf einem Stativ, im Abstand von fünf Metern und etwas tiefer als Brusthöhe. Durch eine Tür, die aus dem Fotostudio ins Büro führte, fiel ein Schwall Tageslicht herein wie die Ankündigung vom Erscheinen eines der Erzengel. Fast milchig erschien es und sehr irreal.

Der Auftraggeber, ein Spiegelglas-Hersteller, wollte für seine Kunden eine mehrseitige Image-Broschüre erstellen. Auf dem Titelfoto, für dessen Erstellung zur Orientierung für den Fotografen eine Layout-Zeichnung vorlag, musste ein verschlafen wirkender, unrasierter Mann im Halbprofil verblüfft in einen Spiegel schauen, aus dem ihm sein adrett rasiertes und frisiertes Konterfei bereits lachend entgegen schaute. Natürlich wurden für das gewünschte Ergebnis zwei separat aufgenommene Fotos in einer Bildmontage nachträglich zusammen gefügt. Beim dem allen Fotobuchungen üblicherweise vorausgehenden *briefing* hatte seine Agentin ihn telefonisch instruiert, er möge für das erste Foto unrasiert erscheinen. Sobald das, wie es im Branchenjargon hieß, im Kasten war, musste er sich für das zweite Foto rasieren.

Heller drehte sein Gesicht ein wenig seitlich vom Objektiv weg, einer Linse mit 70mm Brennweite, und suchte in sich das, was er den Dialog mit der Kamera nannte. Konzentriert wartete er auf das Kommando des Fotografen. Die Aufgabe war leicht zu bewältigen. Er benötigte kein schauspielerisches Talent, um einen etwas tumben, verschlafenen Gesichtsausdruck zu zeigen. Auch Verblüffung vorzugeben fiel kaum unter darstellerische Glanzleistung. Er hob die Augenbrauen, was gleichzeitig seine Pupillen vergrößerte, und formte mit dem Mund ein stummes Ooohh! Über solch simple Mimik verfügte er unendlich in seinem Repertoire.

Heller bot dem Fotografen Nuancen des Ausdrucks an, bewegte Kopf und Oberkörper im schmalen Bereich des ausgeleuchteten Raumes um Zentimeter mal nach rechts, mal nach links, und versuchte ferner, die Körperhaltung seiner Sitzposition minimal zu verändern. Aus seiner langjährigen Erfahrung wusste er, dass diese lediglich winzigen Alternativen schließlich zu dem einen vollkommenen Bild führten, nach welchem in der Branche alle hungerten.

Nach vielleicht fünfzig bis sechzig Fotos von dieser Einstellung, Heller hatte nicht mitgezählt, baute der Assistent das Licht um, während der Fotograf die digitalen Bilder auf seinen Laptop lud und sie sogleich begutachtete. Augenscheinlich war er mit dem Ergebnis zufrieden, denn er gab ihm das Kommando zur Rasur.

Manchmal glaubte Heller, dass er während der ungezählten Tage seines Daseins als Modell das geballte Kameralicht der Fotostudios in sich aufgesogen hatte wie ein Schwamm, dass sein Körper voll von derselben strahlenden Helligkeit sein musste, welcher er bei seiner Tätigkeit so exzessiv ausgesetzt war. Endloses Licht floss durch alle seinen Adern und Venen.

Als er nach dem zweiten Fotomotiv aus dem Studio trat, herrschte noch Tag. Die Reduktion an Licht tat Hellers Augen wohl nach der Arbeit im ungefilterten Gleißen der Studioscheinwerfer. Seine Netzhaut war wie von flüssigem Metall durchtränkt, und er sah alle Dinge umgeben von einer weißen Aura. Nur langsam beruhigte sich seine Wahrnehmung. Ja, es ist wirklich so: das Licht ist in mir, dachte er.

Ein Taxi wartete auf ihn, der Fotograf hatte es gerufen. Heller fuhr zum Bahnhof. Von dort nahm er die S-Bahn. Sie war überfüllt, der Berufsverkehr hatte eingesetzt. Der Lärmpegel im Zug war hoch. Mechanisch setzte er den Kopfhörer auf.

Someone take these dreams away,
That point me to another day,
A duel of personalities,
That stretch all true realities

Zuhause, unter der Dusche stand er wie paralysiert. Er stemmte sich mit beiden Händen von den Seitenwänden ab. Die Augenlider geschlossen, hielt er sein Gesicht in den warmen Niederschlag des Brausekopfes. Ihm fiel eine Kampagne für Duschen ein, für die er fotografiert worden war, in einem schwarz gefliesten Bad. Wenn man das Licht richtig setzte, kam das Wasser vor dem dunklen Hintergrund wie silberner Regen herab. Mechanisch drehte er die Armatur zurück. Nebel wölkte sich, legte sich als feuchter Beschlag auf die Kacheln.

Immer wieder musste er an die Frau aus dem Dom denken. Sie rotierte in seinem Kopf wie ein Mantra. Er hatte noch keine Ahnung, wie er sie finden konnte, aber es war wie ein Zwang in ihm, eine Obsession, er wollte sie unbedingt wiedersehen, er musste das Rätsel um sie lösen.

Nacheinander ging Heller die Möglichkeiten durch. Er wusste nichts von ihr. Oder so gut wie nichts. Sie hatte den Dom besucht, sie hatte dort ein überaus seltsames Verhalten an den Tag gelegt, sie war die Frau, die als Madonna auf der Ikone abgebildet war, und er hatte sie zuvor bereits irgendwo einmal gesehen. Wo, das wollte ihm immer noch nicht einfallen. Vielleicht würde er der Lösung näher kommen, wenn er sich der Umstände und des Ortes ihrer Begegnung erinnern könnte.

Am Abend ging Heller nicht mehr los auf eine seiner Expeditionen. Über die Frau zu grübeln und wie er sie aufspüren konnte, erschien ihm reizvoller zu sein, als Posten zu beziehen vor Fenstern, die private Enthüllungen anboten. Eine neue Tür schien sich ihm aufzutun, eine Pforte in bislang unerforschte Räume, und er wollte unter allen Umständen hindurch gehen.

14

Durch die schmalen Frontfenster des Doms, hinter den dunklen Balkonfassaden nicht viel größer erscheinend als Schießscharten, schoss das Licht herein wie die Milch der frommen Denkungsart. Auf den Emporen waberte eine silberne Dämmerung. Nur unter dem steinernen Zeltdach hüllte das Mysterium der Dunkelheit den Herrn des Hauses ein. Er war dort, Heller konnte ihn spüren.

Jemand hatte Weihrauch verbrannt. Der gesamte Raum war erfüllt von seinem Duft.

Allein mit der Gegenwart des Heiligen, stand Heller vor der Ikone der Madonna. Er brauchte einen Hinweis. Unsicherheit wuchs in ihm. Dieses dunkle Antlitz einer so überaus rätselhaften Frau schaute ihn unverwandt an mit einem Blick, den er nicht zu deuten wusste. Er konnte nicht einmal mit letzter Bestimmtheit sagen, ob sie die Madonna verkörperte. Vielleicht war es lediglich das Abbild einer minderen Heiligen oder einer gewöhnlichen, wenngleich frommen Frau. Aber ganz gleich wen sie darstellte, sie schlug ihn so ganz in ihren Bann.

Heller redete sich ein, es waren slawische Züge, asketisch, geduldig, ein wenig leidend auch und sehr unnahbar. Ihr Haupt war verhüllt von einem Tuch, welches nur Augen, Nase, Mund und ein Stück vom Hals sehen ließ. Das ihr Haar verbergende Tuch, dessen aufgedruckte Embleme auf folkloristische Machart verwiesen, verstärkte noch den Eindruck einer entrückten Distanz, die dem Betrachter unüberwindbare Schranken aufzeigte. Auch die Ikone selbst, umgeben von einem goldenen Passepartout, warf in ihrer zurück genommenen Darstellung nichts als Fragen auf. Mehr angedeutet als vollständig ausgemalt war das Gesicht der abgebildeten Figur, so als wäre die Hauptintention des Künstlers Verschwiegenheit gewesen. Ein tiefes, scheinbar nicht zu lüftendes Geheimnis umgab die sich aller Deutung konsequent verschließende Frau. Es erschien Heller beinahe, als ob er eine Maske und nicht ein Gesicht betrachtete.

Was ihn jedoch in einen keinerlei Einhalt findenden Wirbel seiner Gedanken und Gefühle zog, war ihre ominöse Ähnlichkeit mit der Frau, die bei seinem letzten Besuch im Dom zuerst die Pose einer frommen Betenden eingenommen hatte und dann so völlig grundlos vor ihm geflüchtet war. Heller dachte unentwegt an sie und ihr kaum rational zu erklärendes Verhalten. Es war wie ein Zwang in ihm, er musste sie einfach wiedersehen und wollte alles daran setzen, ihr Rätsel ergründen.

Die vage Hoffnung, sie an dieser Stelle nochmals zu treffen, hatte ihn wieder hergetrieben. Einen anderen Anhaltspunkt gab es nicht. Wo sonst würde er sie finden können, wenn nicht hier, an dem Ort, den sie bereits einmal aufgesucht hatte? Er wusste, er klammerte sich da an eine verzweifelte mehr als an eine berechtigte Hoffnung, aber irgendetwas glaubte er tun zu müssen.

Lange stand Heller in der Dämmerung des Doms vor der Ikone, versunken in die vergeistigte Schönheit der auf ihr Abgebildeten. Er hatte gehofft, dass sie vielleicht stumme Zwiesprache mit ihm halten würde, ihm Mitteilung zukommen ließ über das, was ihr Wesen ausmachte, aber da war nichts, gar nichts. Keine noch so winzige Inspiration, welche die schroffe Distanz zu ihrer Unantastbarkeit überbrückt hätte, wollte sich in ihm einstellen.

Und noch etwas nahm seine Konzentration gefangen und marterte sein Denken: die sich in ihm von Anbeginn dieser Geschichte an festsetzende Gewissheit, der Frau welche unzweifelhaft Modell gestanden hatte für die Ikone, bereits zuvor einmal begegnet zu sein. Wo war die Verbindung zwischen all diesen ihn zunehmend verwirrenden Chimären? Er fragte sich immer wieder, ob ihm seine malträtierte Fantasie einen bösen Streich spielte und er sich das alles nur einbildete? Oder befand er sich hier auf der Spur von einem Geheimnis, dessen Tragweite er nicht einmal erahnen konnte? Wie um der Unerreichbaren näher zu kommen, zog er sein Mobiltelefon aus der Jackentasche und nahm ein Foto von ihrem Bildnis auf.

In einem klaffenden Zwiespalt der Stimmungen, beglückt einerseits von seiner Kontemplation wie zugleich auch entmutigt, weil er keinen Schritt weitergekommen war, brach Heller auf.

Draußen ging wie immer sein erster Blick empor zum Himmel. Nichts war dort zu sehen, was ihm Aufschluss gegeben hätte.

Er musste ungestört nachdenken und schlug den Weg zum oberhalb des Mariendoms liegenden Kalvarienberg ein. Dort, an einem bewaldeten Steilhang, war in mehreren Stationen der Leidensweg Christi nachempfunden. Umgeben von gemauerten Grotten wurden, malerisch in das kleine Wäldchen eingebettet, szenische Abfolgen seiner Passion gezeigt, gipfelnd in der abschließenden Figurengruppe von drei auf Golgatha errichteten Kreuzen. In leuchtendem Weiß, flankiert von zwei mit ihm gekreuzigten Schächern, hing Jesus schmerzerfüllt am Kreuz, das Haupt wie flehend gen Himmel erhoben.

Genau wie ich, dachte Heller. Er sucht Beistand in einer entfremdeten Welt.

Die expressive Darstellung der Szenen stieß ihn eher ab, als dass sich Bewunderung bei ihm einstellte, doch er konnte sich auch vorstellen, wie die gläubige Einfalt der an diesen Ort Pilgernden sich flammend entzückte an solch religiösem Kitsch. Er vermutete, dass alle Motive des Kreuzberges auf Ansichtskarten und in Nippes-Miniaturen wiederkehrten, die es in den hiesigen Devotionalienläden zu erwerben gab.

Langsam ging Heller bergab, den alten Gassen zu. Keine Erleuchtung hatte ihn heimgesucht. Immer noch war er völlig ratlos, was ihm zu tun bliebe. Die durch die Begegnung mit der geheimnisvollen Frau aufgeflackerte Euphorie einer sein Leben möglicherweise verändernden Wende schien bereits wieder zu verglimmen. Fast mechanisch setzte er den Kopfhörer auf. In ihm war nichts als Leere. Nur die Musik versprach noch Rettung.

15

Ein schmutziger Graustich lag über allem gebreitet, was draußen vorüberglitt. Die getönten Fenster des ICE absorbierten das Licht, als wäre es Gift. Heller saß im Großraumwagen der ersten Klasse und schaute hinaus in die nur allmählich sich hinfort hebende Dunkelheit. Außer ihm waren noch drei Personen im Wagen, in einiger Entfernung von ihm. Er schätzte Privatsphäre in Zügen, daher bevorzugte er die niemals überfüllte erste Klasse.

Ein kleines Leuchtdisplay über der Waggontüre zeigte die in diesem Moment gefahrene Geschwindigkeit an, es waren 237km in der Stunde.

Das Taxi hatte ihn zur Rückseite des Essener Hauptbahnhofs gebracht. Um 8.23 Uhr ging sein Zug, er fuhr nach Lage in Westfalen, zu einer Fotobuchung im größten Möbelstudio des Landes. Heller kaufte ein Sandwich und einen Kaffee an einem Kiosk vor den Bahnsteigen und verzehrte beides unterwegs. Musik hörte er nicht. Der Rhythmus der eilenden Räder hatte etwas hypnotisch Meditatives.

In Bielefeld verließ er den Zug. Ein Fahrer des Studios holte ihn in einem dunkelblauen BMW ab und chauffierte ihn an sein Ziel. Sie unterhielten sich über alles Mögliche, die Arminia, das Wetter, die Zucht von Windhunden und das aktuelle Großprojekt des für ein Hamburger Versandhaus fotografierten Möbelkatalogs. Auf den Wiesen, die sich im jungen Morgen ausbreiteten, lag Raureif.

Sie kamen vorbei an einigen kleinen Ansammlungen von Häusern, kaum Orte zu nennen, manche direkt an der Bundesstraße, andere weiter zurück liegend. Schilder zeigten Namen wie Ubbedissen, Helpup, Leopoldshöhe oder Oerlinghausen an. Krähen stoben auf von kahlen Weiden. Der Himmel trug Grau.

Bei der Ankunft im Fotostudio wurde Heller von Peter, dem Studioleiter, und dem Studiomanager Uli begrüßt. Er war Stammgast hier, seine Arbeit wurde von allen geschätzt, was ihn mit Zufriedenheit erfüllte. Außerdem galt er im ganzen Land als einer der wenigen männlichen Stars der Branche, er war überall gern gesehen, und Kunden wollten oft niemand anderen als ihn als Werbeträger für ihre Produkte einspannen, obwohl sein Honorar deutlich über dem seiner Kollegen lag. Es hatte sich herumgesprochen, dass die mit seinem Gesicht beworbenen Kampagnen für signifikante Umsatzsprünge zeichneten.

In der für die Fotomodelle bestimmten Garderobe warteten die Visagistin und die Stylistin auf ihn. Er trank einen Kaffee aus einer Thermoskanne, während die Visagistin seine Haare mit Gel in Form brachte und dann sein Gesicht, um zu verhindern, dass es im grellen Scheinwerferlicht glänzte, mit Puder betupfte. Die Stylistin legte ihm die Kleidung hin, die er für das Foto anzuziehen hatte.

Große Möbelstudios beschäftigten ein Heer von Mitarbeitern, die in komplexer und eng ineinander greifender Logistik wahre Wunderwerke an Wohnlandschaften schufen, an dessen Ende erst die Arbeit des Modells begann. In riesigen Hallen entstanden parallel ungezählte Kulissen für Möbelkataloge. Schreiner errichteten Wände, gestützt von Holzkonstruktionen, bevor Anstreicher oder Maurer sie mit Farbe, Tapeten oder Steinen verkleideten. Fliesen- oder Parkettleger fügten edle Fußböden hinzu, manchmal auch Teppichböden, Fensterbauer gewährten Durchsicht auf beleuchtete Fototapeten, die eine Außenwelt mit Parkidylle, Meerblick oder urbaner Architektur vortäuschten. Dann wurde das zu bewerbende Mobiliar aufgebaut, und die Arbeit der Stylisten begann. In kilometerlangen Regalgängen suchten sie mit ihrem durchweg erlesenen Geschmack passende Lampen, Bilder, Kissen, Schalen, Vasen und alle erdenklichen Wohnaccessoires zusammen, um sie in den Aufbau zu platzieren.

Erst nach Abschluss der handwerklichen Vorarbeiten bauten Fotografen eine komplizierte Lichtapparatur auf, gefolgt von endlosen Lichttests der miteinander synchronisierten Blitzgeräte, damit auch die letzte unerwünschte Schattenkante getilgt war. Bei seinen Buchungen in solchen rein auf Möbelfotografie spezialisierten Studios hatte Heller oft die präzise Arbeit aller Beteiligten bewundert. Er wusste, dass er nur ein kleines Rädchen im Getriebe war und keineswegs ein Starmodell.

Das heutige Foto, für das Heller vorgesehen war, zeigte ein Wohnzimmer mit dreisitzigem Ledersofa, zwei dazu gehörigen Sesseln und einer aus mehreren Elementen bestehenden Schrankwand in weißem Hochglanzlack. Der Aufbau hatte drei mit gebeizten Holzpaneelen und hellen Tapeten verkleidete Wände, aber keine Decke und sah aus wie eine offene Schachtel, an deren fehlender Vorderseite die Kamera positioniert war. Hinter der bis zum Boden reichenden Fensterfront zeigte eine Fototapete einen sommerlichen Garten mit Schwimmbecken.

Die Äpfel und Orangen in der Chrom-Obstschale waren ebenso Attrappen wie die Bücher in einem Fach der Schrankwand. Der vor Heller auf dem weißen Couchtisch stehende Cappuccino enthielt keinen Kaffee, sondern gehärteten Bauschaum. Um auf dem Foto ein behaglich dampfendes Heißgetränk zu suggerieren, hatte der Fotoassistent an der Rückseite der Tasse ein brennendes Räucherstäbchen angeklebt.

Es war die perfekte Illusion, der schöne, verlogene Traum einer heilen Welt, entworfen am Computer eines Innenarchitekten. Und Heller war ein Teil des Ganzen.

Vorsichtig, fast wie ein Storch, schritt er über die lose aneinander gelegten Bodenfliesen, die nicht verfugt waren und später wieder verwendet werden konnten. Eine nur geringe Verschiebung konnte den gesamten Aufbau ruinieren. Er nahm auf dem Sofa Platz. Von Hermann, dem Fotografen, erhielt er die Anweisung, ein bereit liegendes Magazin zu lesen. Er trug eine sandfarbene Hose, einen hellblauen Pullover, eine Uhr mit silbernem Armband und war barfuß. Alle Kleidung der in Möbeln fotografierten Personen musste unbedingt neutrale, unauffällige Farben haben, um nicht vom Produkt abzulenken.

Heller schlug seinen rechten Fuß ein unter dem linken Oberschenkel, lehnte sich mit dem aufgeschlagenen Magazin zurück und bot Hermann eine bequeme Sitzhaltung an. Das Foto sollte Wohlbefinden transportieren. Er war Spezialist im Ausdruck von Stimmungen. Zu der entspannten Körperhaltung zauberte er ein sanft lächelndes Interesse bei der vorgeblichen Lektüre der Illustrierten auf sein Gesicht. In Wahrheit war er hochkonzentriert auf jedes Bild. Der Fotograf schoss in schneller Folge fünfzig Fotos und wartete nur zwischen den einzelnen Aufnahmen kurz darauf, dass die Blitzanlage wieder einsatzbereit war. Wie immer bei solcher Gelegenheit wechselte Heller nach jeder Belichtung minimal seine Position, variierte in Nuancen seine Kopfhaltung und ignorierte die Kamera. Hermann war augenscheinlich glücklich, mit einem ausgefuchsten Profi wie ihm zu arbeiten.

Auf der Rückfahrt im ICE nach Essen dachte er über den heutigen Tag nach. Er hatte für drei Stunden Aufenthalt im Fotostudio eine vierstellige Summe kassiert. Fast fühlte es sich unanständig an. Doch echte Skrupel wollten sich nicht einstellen. Er war bestechlich.

Aus dem Kopfhörer dröhnte es in maximaler Lautstärke:

Whatever happened to all the heroes,
All the Shakespearoes?
They watched their Rome burn

Die Geräusche des Zuges waren eliminiert.

Mehr und mehr wuchs in Heller die nahezu unabänderliche Gewissheit, sich in einem konturlosen Nirgendwo zu verlieren. Sein Leben spielte sich ab in einer Welt, in lauter Welten des schönen Scheins. Er taumelte immer nur von einer dieser Welten in die andere.

Wer aber war er wirklich?

Als der ICE im Hauptbahnhof von Essen einlief, dunkelte es bereits. An Tagen wie diesen war das nahezu einzige Licht, das Heller zu sehen bekam, das Licht der auf ihn gerichteten Scheinwerfer.

16

Der am Nachmittag mit einem Mal einsetzende Schneefall durchkreuzte Hellers Vorhaben, in der Dunkelheit des späteren Abends auf Erkundung zu gehen. Eine dünne weiße Schicht lag wie Puderzucker auf Asphalt und Gartenflächen gestreut und würde jederzeit zum Verräter an ihm werden, wenn er auf seinen heimlichen Pfaden wandelte.

Eher widerstrebend richtete er sich darauf ein, den Abend in den eigenen vier Wänden zu verbringen. Seitdem sein aus den Fugen geratenes Leben nach einer so grundlegenden Neuorientierung verlangt hatte, dieses sein Leben nach Teresa, die heute nichts mehr war als nur noch ein blutleeres Phantom, seitdem hatte es ihn immer wieder hinaus getrieben, voller Unruhe, voller Neugier. Tagsüber mit dem Kopfhörer an mannigfache Fluchtorte, nachts im ruhelosen Drang zu erspähen. Der Film, in dem ich bin, kennt keine Rast, dachte er, ich lebe wie unter Zwang.

Zerstreut bereitete er sich eine Mahlzeit zu, Spaghetti mit einer Fleischsauce. Er verspürte keinen großen Appetit. Beim Essen schaute er die Abendnachrichten im Fernsehen. Ohne Regung nahm Heller die von einem Teleprompter verlesenen und durch kurze Filmschnipsel erläuterten Informationen in sich auf. Ein Fußballverein hatte seinen Trainer entlassen, ein von blauäugigen oder gekauften Analysten künstlich aufgeblähtes Börsenschwergewicht stürzte im freien Fall aus allen Indizes und riss die Anleger mit in den Abgrund, in Afghanistan hatten Selbstmordattentäter eine Militärbasis in die Luft sprengen wollen, ein Korrespondent gab aus einer ehemaligen Sowjetrepublik seine Einschätzung der momentan sich zuspitzenden kriegerischen Unruhen, die europäischen Außenminister trafen sich auf einer Konferenz zur Eindämmung einer neuen Flüchtlingswelle, der Verfassungsschutz beobachtete die Rechtsnationalen und hatte V-Leute eingeschleust, ein Ring von Kinderschändern war ausgehoben, und ein von Narzissmus strotzender Diktator machte sich, flankiert von seiner züchtig in ein weißes Kopftuch gehüllten Gattin, wie üblich zum Idioten, als er wutschnaubend die weltpolitische Bedeutung seiner Bananenrepublik einklagte und, als wäre das ein Beleg dafür, mit dem Koran in die Kamera wedelte. Die Qualität alles hier Vorgetragenen erging sich ohne Ausnahme in ernüchternder Belanglosigkeit, eher erinnerte es an ein monströses Kabarett wider Willen. Heller war sowohl fassungslos wie auch frustriert.

Erst eine brandaktuelle Nachricht aus der unmittelbaren Umgebung ließ ihn kurz aufhorchen. In Bochum hatte sich ein islamistischer Terrorist seiner Festnahme durch eine spektakuläre Flucht entzogen und dabei zwei Beamte des Sondereinsatzkommandos erschossen. Seither wurde mit Hochdruck nach ihm gefahndet. Zwei Fotos von ihm, eins mit Bart, eins glattrasiert, zeigten einen jungen Mann, fast mehr noch ein Kind, dem man eine derart fanatische

Brutalität kaum zutrauen mochte. Er benutzte verschiedene Identitäten, zuletzt nannte er sich Whaleed Ibn Abdelsalam, sein eigentlicher Name sei jedoch Ruslan Dubakow, und er stammte aus Tschetschenien. Angeblich hatte er eine Serie kurz vor der Ausführung stehender Anschläge geplant, worauf sich der ihn überwachende Verfassungsschutz zum sofortigen Zugriff entschlossen hatte. Dubakow war bewaffnet, und der Nachrichtensprecher warnte die Bevölkerung ausdrücklich vor seiner hohen Gewaltbereitschaft.

Heller misstraute solch offiziell verbreiteten Nachrichten nicht grundsätzlich, pflegte jedoch die Angewohnheit, jegliche ihm zugetragene Information auf eine eventuell von subjektiven Interessen getragene Einflussnahme hin kritisch zu hinterfragen. Selbst in als seriös geltenden Sendern filterten die Redaktionen aus der Flut der täglich aus aller Welt eingehenden Neuigkeiten nur das heraus, was stabile Einschaltquoten garantierte. Die verantwortlichen Redakteure hatten längst erkannt, dass ein gewinnbringender Spannungsbogen sich am wirksamsten durch beunruhigende Nachrichten aufrecht erhalten ließ. Blieben neue Katastrophen aus, wurden in einer qualvollen Endlosschleife die bereits bekannten wieder aufbereitet, mit einem leicht veränderten Kommentar und mit den in eine andere Reihenfolge geschnittenen Bildern vom Vortag oder vom Vor-Vortag.

Heller war es leid, die immer gleichen Ereignisse tagelang, oft wochenlang, präsentiert zu bekommen. Die alltäglich banalen Nachrichten langweilten ihn nur noch. Nichts deutete auf eine historische Dimension hin. Lustlos zappte er durch die Programme und hielt schließlich inne bei einem Film, der soeben begann. Es war die in opulenten Schwarzweißbildern erzählte Geschichte einer exzentrischen Schauspielerin, einst der größte Stummfilmstar Hollywoods, doch seit zwanzig Jahren von der Welt vergessen. Ohne Unterlass steigert sie sich in die fixe Idee einer glanzvollen Rückkehr ins Licht der Scheinwerfer und Kameras. Als sie schließlich mit der bitteren Wahrheit konfrontiert wird, dass niemand sich mehr für sie interessiert, begeht sie in ihrer Verzweiflung einen Mord und verfällt endgültig dem Wahn, als sie die aus Sensationslust auf die Mörderin gerichteten Kameras der Wochenschau für den Beginn der Dreharbeiten zu ihrem Comeback hält.

Atemlos saß Heller vor dem Fernsehgerät. Der Abspann lief noch, und er atmete tief durch. Die Wucht der Bilder, die Geschichte selbst hatten ihn gepackt und berührt, er vermochte nicht zu sagen warum, vielleicht wegen der Nostalgie verblichenen Glanzes, des tragischen Heldentums, möglichweise aber auch wegen der Überschneidungen mit seinem eigenen Leben: den Scheinwerfern, den Kameras und dem Film, in dem er sich sah, ein Stummfilm auch dieser, ohne gesprochene Worte, unterlegt nur von der Musik aus seinem Kopfhörer.

Er schlief tief und fest in dieser Nacht, durchpflügt von wilden Träumen, an die er sich beim Erwachen nicht mehr erinnern konnte. Am Morgen aber war der Schnee draußen weggetaut, und ein sonniger Dezembertag mit strahlend blauem Himmel begann wie die Verheißung von etwas Großem.

17

Die fahlgelbe Wassersonne stand schräg am Morgenhimmel. Von allen Geräuschen losgelöst glitt die S-Bahn durch einen Wald von kahlen Laubbäumen, welche die durch die Fenster brutal einfallenden Lichtstrahlen filterten wie ein irrwitziges Stroboskop. Grelle Reflexe tanzten durch den ganzen Zug, ein großer, spektraler, unruhiger Heuschreckenschwarm.

Heller lehnte sich zurück in seinem Sitz und lauschte der Musik. Die stampfenden Räder teilten seiner entspannten Muskulatur ihren pulsierenden Rhythmus mit. Er fühlte sich leicht.

Icons, feed the fires
Icons, falling from the spires

Weiter vorn, am Eingang zu seinem Waggon, betrat ein Mann das Großraumabteil. Er war von untersetzter Statur, mochte vielleicht vierzig Jahre zählen, trug eine auffällig rote Baseballkappe und fixierte Heller, während er durch den Gang auf ihn zukam. Es ging wie ein Erkennen über sein grobschlächtiges Gesicht. Fast drohend zog er die Brauen zusammen, zeigte mit dem Finger auf ihn, als wollte er ihn beschuldigen, und schnauzte ihn aus heiterem Himmel an:

- Ich kenne Sie!

Heller stoppte die Musik und nahm seinen Kopfhörer ab, als der Mann ihn unverhofft ansprach. Verwundert schaute er ihn an.

- Wie bitte? Ich habe Sie nicht gehört, antwortete er.
- Ich kenne Sie, wiederholte der Mann in barschem Ton.
- Es tut mir leid, aber ich kenne Sie nicht, sagte Heller.
- Ich kenne Sie, behauptete der Mann stoisch.
- Ich verfüge durchaus über ein sehr gutes Personengedächtnis, und ich versichere Ihnen, wir kennen uns nicht, erwiderte Heller mit Nachdruck und wandte den Blick von ihm ab.

Er hätte den Mann leicht darüber aufklären können, dass er sein Konterfei vermutlich in einer Illustrierten, einem Werbespot oder auf einer Plakatwand gesehen hatte, aber er empfand sein penetrantes Verhalten als überaus dreist und wollte die Unterhaltung auf keinen Fall fortsetzen. Bevor er demonstrativ den Kopfhörer wieder aufsetzte, hört er noch, wie der Mann abermals sein Sprüchlein aufsagte:

- Ich kenne Sie!

Dann erlöste ihn die Musik von der stupiden Zudringlichkeit des Mannes, und Heller pries den Himmel, dass seine Prominenz eine namenlose und darum eher vage war.

Er fuhr weiter bis zum Bahnhof des kleinen Städtchens Kettwig, auf halber Strecke zwischen Düsseldorf und Essen gelegen. Dort erwartete ihn das Team für den heutigen Fototermin. Sie waren zu viert und holten ihn ab mit zwei Autos, einem von einem der Assistenten gefahrenen, weißen Van mit Schiebetür, in welchem sich die drei zu fotografierenden Fahrräder befanden, und einem silbernen Volvo, in dem Fotograf, Stylistin und der zweite Assistent saßen. Heller stieg in die Limousine und begrüßte alle.

Die Fahrt ging eine steile, kurvenreiche Strecke hinauf zu einem ländlichen Bezirk mit Namen Isenbügel. Ein von der Werbeagentur beauftragter *location scout* hatte den Ort eigens für dieses Fotomotiv aufgespürt. Im Dezember war es kompliziert, eine frühlingsgrüne Wiese mit einem Hintergrund nicht kahler Bäume zu finden. Das Erscheinungsdatum der Kampagne lag im März, zum Beginn der Saison von *outdoor sports*, und aus diesem Grund mussten die Motive unbedingt Frühling vorgaukeln. Werbefotos wurden generell mit gebührendem Vorlauf produziert. Erst im August hatten verschiedene Auftraggeber Heller dreimal im Weihnachtsmannkostüm fotografiert. Die Bilder kursierten gerade in allen Magazinen.

Heute sollte er auf drei Fahrrädern vor einer weit sich öffnenden Landschaft fotografiert werden, auf einem

Rennrad, einem Mountainbike und einem Freizeitrad, in wechselnder Sportkleidung, bestehend aus kurzen Radfahrerhosen, Sturzhelm und T-Shirts mit Halbarm. Überaus unpassend zu diesem Vorhaben waren die Temperaturen über Nacht in den zweistelligen Minusbereich gefallen. Auf den Wiesen lag Raureif, und sie mussten zwei Stunden warten, bis trotz der Kälte die Einwirkung der Sonne den weißen Schleier weggetaut hatte. Dann stand das Licht im Zenit des Mittags, und einer der Assistenten fing mit einem silberbeschichteten Reflektor das Sonnenlicht ein und projizierte es in Hellers Augenhöhlen, die unter dem senkrecht stehenden Tagesgestirn Schlagschatten warfen. Der Frost schnitt wie ein Messer in seine Haut, er trug diese dünne Kleidung, die nicht wärmte, und stand so drei Stunden vor der Kamera, bis gegen 15.00 Uhr die Sonne sank und das Licht zu schwach war, um weiter zu fotografieren.

Zwischen den Motiven zog er sich zweimal um. Ein eisiger Wind pfiff. Die Stylistin schenkte heißen Tee aus einer Thermoskanne in Einmalbecher. Manchmal hielten vorbeifahrende Autos an, um das Fotoshooting zu begutachten. Einige riefen ihnen Bemerkungen zu, die witzig sein sollten. Eine junge Frau machte ein Video mit ihrem Mobiltelefon. Für die Passanten schien es eine kaum glaubliche Sensation zu sein, was hier vor ihren Augen geschah.

Nach dem Ende seiner Arbeit sah Heller auf dem Laptop des Fotografen eine Auswahl der Aufnahmen mit einem beim Radeln glücklich lächelnden Mann, dem der kurz bevorstehende Tod durch Erfrieren so gar nicht anzumerken war. Im Hintergrund leuchteten eine sattgrüne Wiese, darüber ein dunkelgrüner Nadelwald und darüber der blaue Himmel – es war nichts weniger als ein Bilderbuch-Frühling, fotografiert im Dezember bei vierzehn Grad unter dem Gefrierpunkt.

Heller fühlte sich bis auf die Knochen durchgefroren und beschloss, bei Ankunft in seiner Wohnung als erstes ein heißes Bad zu nehmen, um einer möglichen Erkältung vorzubeugen. Die landläufige Meinung zur Profession eines Fotomodells wurde nicht müde, das glamouröse Leben schöner Menschen zu betonen, aber mehr als alles andere war es eiserne Disziplin, was den Beruf ausmachte.

In Kettwig, wo das Team ihn wieder am S-Bahnhof absetzte, stieg er in den Zug. Auf Musik verspürte er keine Lust, der Kopfhörer lag um seinen Nacken wie ein futuristisches Utensil.

Heller war noch nicht weit gefahren, als auf offener Strecke, weit entfernt von jedem Bahnhof, der Zug seine Geschwindigkeit drosselte und schließlich ganz anhielt. Über die Wagenlautsprecher kam eine Durchsage, dass Gleisbauarbeiten die Weiterfahrt geringfügig verzögerten und aufgrund eines vorübergehend nur eingleisig zu befahrenden Streckenabschnittes ein entgegen kommender Zug vorüber gelassen werden musste.

Geduldig schaute Heller aus dem Fenster. Am westlichen Himmel sank die Sonne wie eine pralle Orange. Der Abend schien es eilig zu haben, es dunkelte zwischen den Bäumen des Waldstücks hinter den Gleisen. In der grünen Dämmerung der Kiefern führte ein schnurgerader Weg durch eine breite Schneise auf Felder zu, an deren Rand meterhohe Erdhügel aufgeschüttet waren.

Auf dem Feldweg näherte sich in langsamem Tempo ein rotes Automobil, hielt vor den Erdhügeln kurz an und manövrierte sich dann mit den beiden Rädern der Beifahrerseite am Hang der vordersten Aufschüttung hoch, bis der Wagen wie in Zeitlupe aus seiner Schieflage kippte, eine halbe Umdrehung vollführte und auf das Dach zu liegen kam. Der penibel choreographierte Ablauf dieser Aktion ließ Heller keinen Moment im Zweifel darüber, dass der Unfall mit voller Absicht herbeigeführt worden war. Aus dem Inneren des Cockpits kletterte durch das Fahrerfenster ein Mann, ging ein paar Schritte weg von dem Wrack und schaute sich sein Werk an. Die Hände stemmte er beifällig in die Hüften.

In seinem Rücken kam hinter einer Kurve des Feldweges ein zweiter Wagen hervor, eine dunkle Limousine. Im Dämmerlicht war nicht zu erkennen, ob sie schwarz oder nachtblau war. Sie fuhr auf den verunglückten Wagen zu und hielt schließlich in einigem Abstand von ihm. Eine Frau stieg aus. Sie trug einen hellblauen Mantel, dessen Gürtel sie verknotete, ging zielstrebig um den Wagen herum zum Kofferraum und entnahm ihm einen Kanister. Er schien schwer zu sein, denn er sackte aus ihrer Hand zu Boden. Der Mann eilte ihr zu Hilfe, übernahm die Last und schleppte sie hinüber zu dem Unfallwagen. Dort öffnete er unverzüglich den Schraubverschluss des Kanisters, entleerte seinen Inhalt über das Wrack und ließ dabei auch das Wageninnere nicht aus. Dann trat er zurück an die Seite der Frau, die seinem Tun wortlos zugeschaut hatte. Sie nickte und lachte ihn an.

In genau diesem Moment stieß die goldrot sinkende Abendsonne durch eine Wolkenlücke am westlichen Horizont und strahlte das Gesicht der Frau an wie ein verräterischer Scheinwerfer. Heller hielt den Atem an und wollte seinen Augen nicht trauen. Sie war es, sie: die Frau aus dem Mariendom, dieselbe, die auf der Ikone abgebildet und die vor ihm geflüchtet war. Sie stand in einer Entfernung von vielleicht zwanzig Metern, doch ein Irrtum schien ausgeschlossen, er erkannte sie im Widerschein des Lichtes sofort.

In einem spontanen Impuls zückte er sein Mobiltelefon, zoomte nah auf sie heran und machte ein Foto der seltsamen Szene.

Dann holte die Frau, immer noch lachend, etwas aus ihrer Manteltasche. Es war nicht groß und, wie sich aus dem Folgenden ergab, wohl eine Streichholzschachtel. Sie zündete ein Hölzchen an und warf es durch das geöffnete Fenster in den roten Wagen. Sofort schossen Flammen hoch und loderten hell auf. Mehr konnte Heller nicht sehen, denn in diesem Augenblick schob sich der aus der Gegenrichtung kommende Zug mit der Geschwindigkeit eines tödlichen Torpedos vor das Bild, und zur gleichen Zeit setzte sein Zug, die unterbrochene Fahrt wieder aufnehmend, sich in Bewegung, und Frau, Mann und das brennende Automobil entschwanden hinter dem Kiefernwald seinen ebenso brennenden Augen.

18

Das heiße Bad weckte seine Lebensgeister aufs Neue und machte ihn die frostige Kälte des Nachmittags allmählich vergessen. Er trank einen Grog mit Fenchelhonig und Zimtstange, der auch seinen Blutkreislauf wieder in Bewegung setzte. Im Verlauf seiner Jahre in diesem Metier hatte Heller aus dem üblichen Raster fallende Buchungen wie die heutige, die ihn mitunter extremen Situationen aussetzen, zur Genüge absolviert, zum Teil mit Todesverachtung, zum Teil mit dem Ehrgeiz der Beste sein zu wollen. Sein Ruf in der Branche verdankte sich nicht zuletzt auch der Tatsache, dass mit seiner professionellen Einstellung selbst von seinen Kollegen kategorisch abgelehnte und als kaum realisierbar geltende Projekte Gestalt annahmen.

Das von seinen Agenturen für Kunden bereitgestellte Hochglanz-Portfolio seiner spektakulärsten Fotos umfasste außer der prestigeträchtigen Werbung für Premium-Marken und renommierte Modemacher in Mailand und Paris auch Stunts an exotischen Orten: Heller, wie er aus dem fliegenden Helikopter sprang, Heller, der mit Haien tauchte, Heller, der in Hochgeschwindigkeit auf einem Motorrad die Abzäunung eines Piers durchbrach und sich aus fünfzehn Meter Höhe halsbrecherisch in die Meeresbrandung warf. Natürlich war dieses Foto im Studio vor einer weißen Hohlkehle aufgenommen worden, mit einem schräg an Seilen hängenden Motorrad und ihm selbst auf einem darunter aufgestellten Trampolin in die gewünschte Position springend. Das fertige Bild war dann in die von einer Drohne fotografierte Ozeanbrandung einkopiert worden und sah täuschend echt aus. Er trug keinen Helm auf dem Foto, sodass sein Gesicht deutlich zu erkennen war. Als die Plakatwände des ganzen Landes mit diesem atemberaubenden Motiv, einer Werbeanzeige für ein Haargel, beklebt wurden, erhielt Hellers Karriere zum wiederholten Mal einen Schub, der ihn bis ganz nach oben katapultierte.

Solange er zurückdachte, konnte er sich nicht erinnern, jemals einen Auftrag abgelehnt zu haben, ausgenommen eine Anfrage der Rechtsnationalen, die ihn als Sympathieträger für ein Wahlkampfplakat fotografieren wollten. Es war weniger die Erwägung, sich durch solch ein zweifelhaftes Bekenntnis seine Reputation zu verscherzen, die ihn das lukrative Angebot ignorieren ließ, sondern mehr noch seine Überzeugung, dem braunen Sumpf am Rand der Gesellschaft auf keinen Fall aktive Unterstützung zu gewähren.

Später am Abend überspielte Heller das unterwegs aus dem haltenden Zug aufgenommen Foto, um es in Ruhe auf dem größeren Monitor betrachten zu können, vom Mobiltelefon auf seinen Laptop. Vor dem brennenden Autowrack stand der Mann mit dem Rücken zu ihm, nicht mehr als eine dunkle Silhouette. Die Frau aber schaute im strahlend goldenen Licht der untergehenden Sonne direkt in die Kamera. Kein Fotograf hätte sie perfekter ausleuchten können. Heller vergrößerte mit einem Mausklick den Ausschnitt ihres Gesichtes. Es versank in Unschärfe, je näher er auf das Bild zoomte. Parallel dazu rief er das Foto der Ikone auf, welches er bei seinem letzten Besuch im Mariendom aufgenommen hatte, und verglich es mit dem Bild der Frau. Plötzlich fühlte er sich nicht mehr sicher, ob es wirklich eine und dieselbe Person war. Beider Gesichtszüge wiesen gewiss Übereinstimmungen auf, aber doch auch einige Unterschiede, und eine zweifelsfreie Entscheidung hinsichtlich ihrer Identität ließ sich nicht treffen, zumal das zweite Foto, obwohl im Gegensatz zur eher düsteren Ikone hell belichtet, bei näherer Betrachtung in groben Pixeln verschwamm.

Er wurde irre an seiner eigenen Überzeugung. Im Nachhinein erschien ihm in der von Geheimnissen wabernden Dämmerung des Doms eine Sinnestäuschung durchaus nicht unmöglich gewesen zu sein. Die Frau hatte ein Kopftuch getragen, ebenso wie die auf der Ikone abgebildete Frau, allein schon aus diesem Grund war die Vermutung einer Ähnlichkeit zwischen ihnen kaum absonderlich. Am Ende aber hatte er sich da möglicherweise doch in etwas hineingesteigert mit seiner überspannten Fantasie, hatte Verschwörung gewittert, wo ein bloßes Spiel der Natur, ein schierer Zufall waltete. Ohnehin musste er sich widerwillig eingestehen, dass seine Einbildung oft mit ihm durchging, seitdem er, geleitet von der Musik aus seinem Kopfhörer, sich so rückhaltlos in diese Fiktion begeben und die Deutung der Wirklichkeit seinen bisweilen abenteuerlichen Emotionen überlassen hatte.

Dennoch warf nicht allein die Identität der Frau, sondern ebenso die von ihr mit ihrem Komplizen durchgeführte, auf den ersten Blick gänzlich unsinnig anmutende Aktion, deren Zeuge Heller aus dem Zug geworden war, eine Vielzahl neuer Fragen auf. Warum hatten die beiden das rote Auto verbrannt? Was gab es zu vertuschen? Waren sie am Ende in kriminelle Aktivitäten verstrickt, in einen kleinen Versicherungsbetrug oder, schwerwiegender, in einen Raubüberfall? Befanden sie sich im Fokus einer Fahndung? In welcher Beziehung stand die Frau zu dem Mann, der bei ihr gewesen war? Bedeutete es vielleicht noch Gefahr für Heller, wenn er auf ihrer Fährte blieb und sie aufspürte?

Und dann schwebte immer noch unentwegt über allem das unerklärliche, aber auch absolut untrügliche Gefühl, ihr bereits früher einmal begegnet zu sein. Allein wo und unter welchen Umständen das gewesen war, das wollte ihm nach wie vor nicht einfallen.

Immer wieder verglich er ihr Gesicht auf dem Foto mit der Frau auf der Ikone, wählte in der Bildbearbeitungssoftware verschiedene Filter, vergrößerte, verkleinerte wieder, sprang hin und her, versuchte die Schärfe einzustellen, die Nachbelichtung anzupassen, öffnete beide Bilder nochmals mit einem alternativen Programm, in dem er alle Schritte wiederholte, und gelangte schließlich zu der unumstößlichen Gewissheit, es handelte sich bei den beiden keinesfalls um die gleiche Frau.

Ein Summton von seinem neben dem Laptop liegenden Mobiltelefon kündigte eine eingehende Nachricht an. Mechanisch und ungehalten über diese Unterbrechung griff Heller danach und zeichnete mit dem Finger das Entsperrmuster auf das Display. Über die Nachrichtensuchmaschine von *upday* erschien eine Schlagzeile als *breaking news*:

Neue Spur von islamistischem Terroristen – Verbranntes Autowrack sichergestellt

Elektrisiert tippte er auf die Nachricht und las mit wachsender Spannung den sich öffnenden Artikel. Dort wurde im verknappten Wortlaut der Online-Textmeldungen berichtet, dass auf einem Feld in der Nähe von Düsseldorf ein ausgebranntes Autowrack gefunden worden war, welches anhand der Fahrgestellnummer als der vom mutmaßlichen Terroristen Ruslan Dubakow gestohlene PKW identifiziert werden konnte. Weitere Spuren waren aufgrund des Brandes zunächst nicht erkennbar, die Ermittlungen liefen noch. Nach wie vor befand sich Dubakow auf der Flucht, Hinweise zu seinem Aufenthaltsort würden von jeder Polizeidienststelle sofort an das Bundeskriminalamt weitergeleitet.

Trotz des letztlich nur spärlichen Informationsgehaltes dieser Nachricht läuteten in Heller auf der Stelle sämtliche

Alarmglocken. Er hatte einen Mann, der möglicherweise der gesuchte Terrorist sein konnte, bei einem brennenden roten Wagen beobachtet. Einen Zufall schloss er sofort aus. Noch mehr rote Wagen konnten gestern auf einem Feld bei Düsseldorf kaum ausgebrannt sein. Und die Frau, deren Identität, deren Geheimnis zu ergründen sich wie eine fixe Idee in ihn eingegraben hatte, stand am Ende in direkter Verbindung mit einem der international meistgesuchten Terroristen, wenngleich er sich keinen Reim darauf machen konnte, welcher Art diese Verbindung war. War sie seine Geliebte oder nur seine Komplizin? In jedem Fall sagte ihm sein Verstand eindringlich, es war mehr als nur ratsam, sich ihr nicht weiter zu nähern.

Verwirrend erschien Heller die Tatsache, dass, soweit er das aus den Medien wusste, Dubakow als fanatischer Einzeltäter galt und im Zusammenhang mit ihm bisher weder ein radikales Netzwerk noch auch nur eine einzelne Frau erwähnt worden war. Er wusste nicht, wie er das deuten sollte. Vielleicht war sie erst seit kurzer Zeit im Umfeld Dubakows, eine Unbekannte, im Raster der Ermittler noch nicht aufgetaucht. Aber der Eindruck, den die beiden beim Brand des roten Autos auf ihn gemacht hatten, war durchaus der von Vertrautheit. Denn es konnte niemand anderes als Dubakow gewesen sein, den er am Nachmittag an ihrer Seite bei dem brennenden Wagen gesehen hatte, daran hegte er jetzt selbst nach der unzureichenden Kenntnis der Faktenlage keinen Zweifel, obwohl er ihn nicht eindeutig zu identifizieren vermochte hatte.

Heller gab Dubakows Namen in eine Suchmaschine ein, nicht zuletzt auch um vielleicht einen Hinweis auf die Frau zu erhalten. Endlose Seiten mit Links wurden angezeigt. Er öffnete sukzessive einige von ihnen und las ohne echte Aufmerksamkeit in teils reißerische Zeitungsartikel aus Sensationsblättchen hinein. Es war nicht Ruslan Dubakow, dem sein Interesse galt. In keinem der von ihm aufgerufenen Beiträge wurde eine Frau erwähnt. Er scrollte weiter in den Listen. Die detektivische Recherche beschleunigte seinen Pulsschlag. Es war erregend, hier im Geheimen Nachforschungen anzustellen, auch wenn er bei seinem eigentlichen Anliegen, der Ermittlung ihrer Identität, noch keinen Schritt weitergekommen war.

Er überlegte, ob er die Behörden von seiner Beobachtung in Kenntnis setzen sollte und von der mutmaßlichen Existenz einer Frau an Dubakows Seite, entschied sich dann jedoch dagegen. Auch ohne seine Aussage würden sie ihre Erkenntnisse früher oder später erweitern. Immer noch spukte in Hellers Kopf die gänzlich verrückte und nach jetzigem Stand der Dinge obendrein höchst gefährliche Idee, die Frau aufspüren zu können. Sie ließ ihn einfach nicht los.

Während er noch nach einer Möglichkeit suchte, wie er sie finden konnte, spürte er mit einem Mal die Überzeugung in sich, es war nicht bloßem Zufall zu danken, dass sich ihre Wege bereits zweimal gekreuzt hatten, sondern einer Fügung des gütigen Himmels. Und gleichzeitig wuchs die Gewissheit in ihm, dass eine Suche nach ihr sich erübrigte, weil das Drehbuch zu dem Film, in welchem er sich bewegte, unabänderlich eine dritte Begegnung vorsah, eine beim nächsten Mal alles entscheidende Begegnung, die lediglich eine Frage der Zeit sein und nichts weniger als das ihm vorbestimmte Schicksal werden würde. Daran wollte er mit ganzer Überzeugung glauben.

19

Wenn er ging, fügte sich die Kontinuität der Bilder zu einem stetigen, langsamen Fluss. Mühelos, fast elegant reihten sie sich aneinander in einem Film, seinem Film, längst nicht mehr, wie in alter Zeit, auf Zelluloid gebannt, sondern in einem bewegten *livestream* des Seins, dem flirrenden Beschwörer der Gegenwart, in welcher sich Vergangenheit und Zukunft geheimnisvoll verschwisterten. Vollkommen synchronisiert mit dem Soundtrack von Hellers Musik aus dem Kopfhörer war das, ein Dialog von Bild und Ton, der gänzlich ohne gesprochene Worte auskam, eine magische Symbiose, die alles um ihn herum zu einem großen Einen verschmolz.

Das Licht schien vom Himmel zu fallen wie ein Niederschlag. Es breitete sich über den ganzen See, als wäre es Seide, und das glückselige Wasser warf es bereitwillig zurück in einem strahlenden Leuchten, das um alle Dinge ging und sie verklärte.

Immer noch war es Dezember, und die Kälte der letzten Tage wurde verdrängt von einer frühlingslauen Brise, welche die Wogen des Sees ergriff und trunken schaukeln machte. In der Ferne, über dem blauen Horizont, stand eine einzelne Wolke, eine bizarre Formation, majestätisch, weiß und markant.

Ein Paar schwarzer Schwäne schwamm anmutig vorüber. Ihre makellose Schönheit, die Harmonie ihrer Bewegungen ließen Heller zittern vor Glück.

Entrückt von der Welt, fern von allem, was draußen geschah, außerhalb seines von der surrealen Musik getragenen Blickfeldes, fühlte er sich geborgen vor allen Widrigkeiten. An den See war er gekommen, um der Hektik der Großstadt zu entfliehen, wo im Angesicht des nahenden Christfestes kollektiver Wahnsinn grassierte.

Eine kurze Vibration in seiner Jackentasche lenkte ihn ab vom Zauber dieses vollendeten Panoramas vor seinen Augen. Wieder ging über *upday* eine Meldung auf Hellers Telefon ein. Die meisten Nachrichten, welche durch die von der Suchmachine betriebene Vorfilterung und die anschließende *realtime* Weiterleitung eine hohe Dringlichkeit vorgaukelten, interessierten ihn nicht, und er löschte sie gleich, ohne sie anzusehen. Diese Titelzeile jedoch ließ ihm das Blut in den Adern gefrieren:

Leiche im Rhein als Topterrorist Ruslan Dubakow identifiziert

In höchster Anspannung öffnete er den wiederum nur knappen Artikel und las, die Zeilen mit dem Mittelfinger aufwärts wischend, atemlos weiter:

Der in der berüchtigten Rheinkurve von Uerdingen von der Strömung angespülte Leichnam wurde als der des weltweit gesuchten Islamisten Ruslan Dubakow identifiziert. Die Ermittler gehen nach ersten Einschätzungen offenbar davon aus, dass er das gezielte Opfer einer Hinrichtung wurde, denn an seinem Hinterkopf stellten sie eine von einer aufgesetzten Pistole hervorgerufene Schusswunde fest. Dubakow hatte sich nach langer Observation dem Zugriff der Behörden durch eine spektakuläre Flucht entzogen und dabei zwei Beamte des SEK erschossen. Im Verlauf des heutigen Abends will die Staatsanwaltschaft Düsseldorf eine Pressekonferenz zum vorläufigen Stand der Ermittlungen abhalten.

Mehr Information gab die Nachricht nicht preis. Kein Wort über eine Frau in seiner Begleitung, nichts über die Umstände seines Todes, die Hintergründe, die Zusammenhänge. Heller spürte Frustration. Die Schnelllebigkeit der zu Sensationen von höchster Priorität aufgebauschten Schlagzeilen hatte ihn lange schon abgestumpft, da sie niemals wirklich Raum ließ für eine sorgfältige Berichterstattung. Im Moment ihrer Verbreitung bereits wurden Nachrichten abgelöst von der nächsten Eilmeldung, eine rastlose Kette letztlich belanglosen Informationsmülls.

Heller beschloss, am Abend unbedingt die Fernsehnachrichten zu verfolgen, um eventuell etwas über die Frau zu erfahren. Der unerwartete Einbruch der profanen Ereignisse in sein schönes Idyll, der ununterbrochenen Vernetzung geschuldet, welcher sein rund um die Uhr eingeschaltetes Telefon ihn preisgab, verleidete ihm die Lust, noch weiter hier am See zu verweilen. Langsam und in wild rotierenden Gedanken ging er am Ufer entlang in Richtung der Staumauer. Von dort führte der Weg vorüber an einem toten Arm der Ruhr, der eine im Fluss gelegene Insel flankierte.

In einer Konditorei in der Altstadt von Essen-Werden aß er zu Mittag. Er bestellte Waldorfsalat mit Toast und später einen Apfelstrudel. Bevor er das Lokal betrat, aktivierte er auf seinem Mobiltelefon die Lautlos-Funktion, denn er empfand das allgemein verbreitete und ungehemmt schamlose Telefonieren in der Öffentlichkeit als Zumutung.

Später nahm er am Bahnhof auf dem gegenüber liegenden Ufer der Ruhr die S-Bahn und fuhr los, ohne ein Ziel. Unterwegs zu sein beruhigte ihn, doch in seinem Kopf kreisten immer wieder allerlei Vermutungen. Früh am Abend kam er zuhause an und schaltete sofort den Fernseher ein.

Entgegen seiner Hoffnungen wurde die von der Staatsanwaltschaft Düsseldorf gehaltene Pressekonferenz nicht live übertragen. In den Nachrichten zur Hauptsendezeit aber nahm die Meldung von Dubakows Tod breiten Raum ein. Heller hörte abermals, was er bereits nachmittags auf seinem Mobiltelefon gelesen hatte: der bei Uerdingen angeschwemmte Leichnam, der nachts von einer der flussaufwärts liegenden Brücken, vermutlich in Düsseldorf, in den Rhein geworfen sein musste, die auf eine gezielte Hinrichtung deutende Kopfwunde, sowie die durch seinen Tod wohl zunächst gebannte Gefahr unmittelbar bevorstehender Anschläge.

Dann folgte als kurze Einspielung ein Video. Zwei Personen, ein Mann und eine Frau, betraten durch eine Stahltür das Parkdeck einer Tiefgarage. Nur wenige Autos standen dort in weit auseinanderliegenden Buchten. Die beiden gingen auf eine dunkle Limousine zu, ihre Bewegungsabläufe immer wieder unterbrochen, was ihnen die eigentümliche Diskontinuität von Robotern verlieh. Die Videoaufzeichnung war ohne Ton und in Schwarzweiß, die Farbe des Wagens ließ sich nicht bestimmen. Auch die Gesichter verschwammen in Unschärfe, welche durch die von der geringen Bildauflösung verursachten Schatten noch erhöht wurde. Lediglich ihre Kleidung war zu erkennen, der Mann trug Jeans und eine dunkle Daunenjacke, die Frau einen hellen Mantel, der bis über die Knie reichte und gegürtet war.

Als sie den Wagen erreichten, öffnete der Mann mit der Funkfernbedienung in seiner vorgestreckten Rechten den Kofferraum. In diesem Moment trat die Frau urplötzlich von hinten nah an ihn heran, setzte ihm eine gedankenschnell aus ihrer Manteltasche gezogene Pistole an den Kopf und drückte ohne eine Sekunde zu zögern ab. Der Mann sackte auf der Stelle zusammen, und es bedurfte eines lediglich kleines Anstoßes durch die Frau, um seinen Körper in den offenstehenden Kofferraum zu bugsieren, dessen Haube sie schloss, nachdem sie eines seiner noch über die Kante hängenden Beine hinein verfrachtet hatte. Dann nahm sie den ihm beim Schuss entfallenen Autoschlüssel vom Boden auf, stieg in den Wagen, setzte zurück und fuhr aus der Einstellung, die anschließend wieder die schweigende Totale des Parkdecks zeigte.

Passend zu diesen Bildern beschrieb ein Kommentar aus dem Off das Geschehen und klärte darüber auf, dass der gezeigte Mitschnitt einer Überwachungskamera eindeutigen Aufschluss gebe über die Umstände von Dubakows Tod in einer Tiefgarage in Düsseldorf, die ersten Annahmen zufolge einen Auftragsmord nahelegten.

Die Einspielung des Videos endete an dieser Stelle, und der Nachrichtensprecher fuhr in seiner Moderation fort, indem er ein seitlich hinter ihm erscheinendes Foto kommentierte, welches das Gesicht der Frau in grober Vergrößerung zeigte, zweifellos ein Ausschnitt aus dem Video. Die Ermittler gingen mit hoher Wahrscheinlichkeit davon aus, so verkündete er im typisch emotionslosen Tonfall des Nachrichtensprechers, dass es sich bei der Frau um eine für den russischen Geheimdienst tätige Auftragsmörderin handelte, die ihrem schmutzigen Geschäft unter dem Decknamen Svetlana nachging und auf der ganzen Welt eine blutige Spur des Todes hinterlassen hatte. Einige ihrer Opfer wurden erwähnt und in rasch wechselnden Bildern gezeigt, ein übergelaufener russischer Spion, der in London vergiftet worden war, ein kaltblütig in San Francisco erschossener Georgier, der jahrelang auf der Abschussliste Moskaus gestanden hatte, und ein populärer Kreml-Kritiker, der auf offener Straße in Wladiwostok von einem fahrenden Motorrad aus hingerichtet worden war. Für alle diese und noch weitere eiskalt ausgeführte Morde sei vermutlich Svetlana verantwortlich, ebenso wie das heutige Video beweise, dass auch Ruslan Dubakow von ihr liquidiert worden war.

Heller nahm die sich geballt häufenden Informationen mit höchster Anspannung in sich auf. Der kurze Moment, in dem das -obendrein reichlich unscharfe und abgeschattete- Foto der Frau gezeigt worden war, hatte ihm genügt, um sie eindeutig wiederzuerkennen. Er war sich sicher, absolut sicher – es war niemand anderes als sie, die Frau aus dem Dom, dieselbe, die auch in Ruslan Dubakows Begleitung das rote Auto angezündet hatte.

Und auf einmal hatte er eine erste und zuerst ganz diffuse Ahnung, warum sie ihm die ganze Zeit bekannt vorgekommen war. Er öffnete den Browser in seinem Mobiltelefon und gab fieberhaft in eine Suchmaschine die Worte *Mord an Georgier San Francisco* ein. Die Ergebnisliste ließ nur zwei Sekunden auf sich warten. Heller klickte auf den ganz oben erscheinenden Artikel aus den Archiven des *San Francisco Chronicle*. Dann fand er, was er suchte. Das Datum, an dem der Georgier, ein russischer Staatsfeind mit Namen Manuchar Iakobischwili, in San Francisco umgebracht worden war, war exakt derselbe Tag, an welchem Heller den Spot für den Kopfhörer gedreht hatte. Und als Ort des Verbrechens wurde das Mark-Hopkins-Hotel auf dem Nob Hill bezeichnet.

Es gab keine andere Möglichkeit, und diese Erkenntnis überfiel ihn mit absoluter Klarheit: Svetlana war, sie musste die Frau aus San Francisco sein, welche er aus seinem Hotelfenster im Fairmont auf der von der Sonne beschienenen Fensterbank des Hotels gegenüber beobachtet hatte. Und am folgenden Tag hatte sie dann einen ihrer Aufträge erfüllt und in der Manier einer todbringenden Gottesanbeterin den Georgier liquidiert, nachdem sie zuvor wie bei allen ihren Opfern eine Liebesnacht mit ihm verbracht hatte.

20

Es war wie ein Puzzle, zu dem noch viele Steinchen fehlten. Heller durchforstete seit Stunden das Internet nach Verweisen auf die Frau mit dem Namen Svetlana. Das Ergebnis war denkbar ernüchternd. Anscheinend hatte sie ihre mörderische Arbeit stets mit aller Diskretion im Stillen verrichtet. Die von ihr sträflich übersehene Überwachungskamera in der Tiefgarage in Düsseldorf fiel gänzlich aus dem ihr ansonsten eigenen Rahmen eiskalter Perfektion, welche konsequent vermieden hatte, auch nur die geringste Spur zu hinterlassen. Bis auf das eine unscharfe Bild aus dem Video gab es weder Fotos von ihr noch den kleinsten Hinweis auf ihre wahre Identität hinter dem Decknamen. Lediglich einige auf Polizeicomputern zusammengestückelte Phantombilder, die auf Aussagen angeblicher Augenzeugen beruhten, fand er. Keines der Bilder wies die geringste Ähnlichkeit mit der Frau auf, die er im Mariendom von Angesicht zu Angesicht gesehen hatte. Sie war und blieb für die Öffentlichkeit unsichtbar.

Als wäre die Ohnmacht des Sondereinsatzkommandos, das nach dem missglückten Zugriff auf Dubakow einer einzelnen Agentin des russischen Geheimdienstes den Vortritt lassen musste, nicht schon beschämend genug, gab es auch bei der Fahndung nach ihr so gut wie keine konkreten Fakten, anhand derer man sie dingfest machen konnte, nicht einmal einen Fingerabdruck oder ein Haar. Die überaus magere Ausbeute von Hellers Recherche erschöpfte sich in Mutmaßungen über ihre raffinierte Vorgehensweise, die dem Anschein nach ihre Opfer in Arglosigkeit wiegte, indem sie vor der Liquidierung eine erotische Affäre mit ihnen einging. Ferner wurden ihr Vorlieben für Tschaikowsky und für Kleidung von Chanel nachgesagt, was jedoch eher auf vagen Theorien als auf handfesten Beweisen basierte. Die kriminaltechnische Untersuchung in San Francisco durch das FBI hatte seinerzeit in der Suite des ermordeten Georgiers Wollfasern sichergestellt, die vom Modehaus Chanel für ihre exklusiven Bouclé-Kostüme verwendet wurden. Und in London hatte der MI5 in der Reverstasche des hingerichteten Überläufers zwei abgerissene Eintrittskarten für ein Sinfoniekonzert in der Royal Albert Hall gefunden, bei dem ausschließlich Werke des russischen Komponisten aufgeführt worden waren.

Heller amüsierten solche Vermutungen. Sie zeigten einmal mehr nur die Ratlosigkeit der Ermittler, die hinsichtlich ihrer Person im Dunklen tappten. Die Wollfasern konnten ebenso gut von einer Frau stammen, die Monate zuvor im Mark Hopkins Hotel abgestiegen war. Und Rückschlüsse von Konzertkarten eines Mordopfers auf die Vorlieben seiner Mörderin zu ziehen, erschien ihm doch eine allzu kühne Spekulation.

Doch die nach Hellers zeitaufwändiger Suche nur spärlich zusammengetragenen Ergebnisse, die keinen wirklichen Anknüpfungspunkt boten, um Svetlana letztlich ausfindig zu machen, schürten die aus Frustration geborene Neigung in ihm, diesen eigentlich absurden Annahmen Glauben zu schenken. Er überlegte ernsthaft, ob er die Suchmaschinen auf aktuell im Umkreis geplante Tschaikowsky-Aufführungen ansetzen sollte oder sich die Adressen aller in der Nähe befindlichen Chanel-Niederlassungen zu besorgen. Der Laden in Düsseldorf auf der Königsallee war ihm bekannt, vielleicht wäre es eine Möglichkeit, die Prachtmeile konzentriert auf und ab zu flanieren und unauffällig nach Svetlana Ausschau zu halten. Andererseits sprach natürlich ihre Professionalität dafür, dass sie im Internet selbst nach möglichen von ihr hinterlassenen Spuren suchte und solche Orte vermied, an welchen man unter Umständen auf ihr Erscheinen vorbereitet war.

Als einzig sinnvolle Alternative dazu erschien es ihm, sich im Mariendom zu postieren und dort auf ihr Kommen zu hoffen. Immer noch hegte er den skurril anmutenden Verdacht, sie könnte über das hier für die Gläubigen ausliegende Bittbuch für sie bestimmte Botschaften abrufen, für deren Übermittlung der Absender die herkömmlichen elektronischen Kanäle als zu gefährlich erachtete. Ihr seltsames Verhalten bei ihrer Begegnung im Dom, wo sie das Buch offenbar gezielt nach einer Mitteilung durchsucht hatte, war der kaum ganz abwegige Grund für diese Vermutung. Und es hatte auf ihn ganz den Eindruck gemacht, als ob sie ihn für den Boten gehalten hatte.

Heller fragte sich, was er tun würde, wenn er sie tatsächlich aufspürte oder wenn, woran er fest glaubte, ihre vom Drehbuch seines Filmes vorgezeichneten Wege sich abermals kreuzten, aber er wusste keine Antwort darauf. Er musste das auf sich zukommen lassen. Nur eines war ihm klar: er wollte diese Frau wiedersehen, ganz gleich, um welchen Preis, selbst wenn er sich damit in höchste Gefahr begeben würde. Der Begegnung mit ihr dürstete er entgegen wie ein Sünder der göttlichen Vergebung.

Je länger er nachdachte, desto mehr Bedenken wuchsen ihm, wie lange er unter Umständen darauf warten musste, bis er sie wiedersah. Von ihrem ersten Treffen in San Francisco, das eigentlich gar kein Treffen gewesen war, bis zu ihrer Begegnung im Mariendom waren eineinhalb Jahre vergangen. Er verspürte wenig Lust, das nächste Mal auf unbestimmte Zeit hinauszuschieben, bis es der Vorsehung, die sich niemals in die Karten schauen ließ, schließlich gefiel.

Dann hatte er plötzlich einen Einfall. Er müsste doch möglich sein, das Schicksal ganz einfach ein wenig zu korrigieren, ihm nur ein winziges bisschen auf die Sprünge zu helfen. Sofort war Heller Feuer und Flamme, und nichts sprach dagegen. Er würde das Drehbuch kurzerhand selbst schreiben. Es war schließlich sein Film.

Er schaute auf die Uhr. Wenn er gleich losfuhr, könnte er noch im Dom sein, bevor dessen Türen für die Nacht verschlossen wurden.

Es dunkelte bereits, als er den S-Bahnhof in Neviges verließ und sich auf den Weg in Richtung der Kirche machte. Er ging am Rand der kleinen und um diese Zeit fast verlassenen Innenstadt entlang, bog hinter der alten Wallfahrtskirche links ab und stieg dann den leicht abschüssigen, gepflasterten Vorplatz zum Mariendom hinauf. Wie eine Drohung, nicht wie eine Verheißung, erhob sich das mächtige Betongewölbe hoch vor dem finsteren Himmel, der keine Gestirne hatte.

Wie immer, wenn er diesen Ort betrat, überwältigten ihn die sakrale Stille und die unerklärliche Magie des Numinosen, selbst heute im Dunkeln, wo kein Tageslicht die opulenten Fenster illuminierte und nur wenige künstliche Lichtquellen für eine gedämpfte Beleuchtung sorgten. Sein erster Weg führte ihn zur Ikone der geheimnisvollen Frau. Umgeben von einem Meer brennender Teelichter, schaute sie ihn an mit ihrem ewig verschleierten Blick. Einen kurzen Moment verweilte Heller vor ihrem Bildnis, seine Gedanken ihm selbst ein Rätsel.

Dann wandte er sich um und stieg die Treppe hinab in das Tiefparterre, wo in gusseisernen Leuchtern zwei halb herniedergebrannte Votivkerzen neben dem auf seinem Pult aufgeschlagenen Bittbuch standen. Er war allein hier.

Heller blätterte um, bis er auf eine neue Doppelseite kam. Dann nahm er den Schreibstift, der mit einer Kordel an das Buch geheftet war und machte einen Eintrag. Nur seinen Namen schrieb er hinein: Heller, und darunter seine

Telefonnummer. Nicht mehr. Das genügte. Er wusste, sie würde ihn anrufen.

21

Er wartete. Nichts geschah. Kein Anruf, kein Zeichen von ihr. Sich in Geduld zu üben zählte nicht zu seinen Tugenden, aber es gab wenig, was er noch hätte tun können. Er hatte nicht den geringsten Zweifel an ihrer Wiederbegegnung, doch die Ungewissheit, wann diese stattfinden würde, zermürbte ihn. Allein die Überzeugung, sie würde ihn früher oder später finden, trug zu halbwegs seiner Beruhigung bei.

Die Untätigkeit rund um die Weihnachtstage, wo traditionsgemäß keine Modellbuchungen eingingen, und die wenngleich dünne, so doch verräterische Schneedecke, die ihn von seinen abendlichen Streifzügen abhielt, schürten seine Unzufriedenheit. Heller flanierte planlos durch Innenstädte, war einen Tag im Medienhafen von Düsseldorf unterwegs, am nächsten Tag auf dem Westenhellweg in Dortmund, dann im Einkaufzentrum am Limbecker Platz in Essen, um am darauffolgenden Tag nach Oberhausen ins CentrO zu fahren. Die Bahn brachte ihn überall da hin, wo er einem spontanen Impuls zufolge sein wollte. Es war, das wusste er, wie eine tägliche Flucht vor der wachsenden Anspannung und der Leere in ihm.

Er trug die ganze Zeit den Kopfhörer und lauschte wie abwesend der Musik, sein Gleichmut am Rand der Verzweiflung. Erst eine am Heiligendreikönigstag eingehende Buchung erlöste ihn aus seiner stumpfen Lethargie. Ein Fliesenhersteller wollte sein Gesicht für eine Werbekampagne, um die Zusammenarbeit mit einem italienischen Modedesigner publik zu machen, der unter seinem Namen neuerdings auch Fliesen entwarf. Heller hatte nichts zu tun als in einer Badewanne zu sitzen, die im Studioaufbau eines prachtvollen Musterbades stand.

Zur angegebenen Zeit fand sich Heller im größten Mietstudio Düsseldorfs ein, wo Fotografen, die selbst nur einen wesentlich kleineren Arbeitsplatz hatten, gegen eine üppige Tagesmiete professionell ausgestattete und überdimensional große Räumlichkeiten zur Verfügung standen. Nach einer kurzen Begrüßung aller heute Beteiligten kümmerte sich eine Visagistin um Hellers Haar und mattierte sein Gesicht mit Puder. Dann wartete er auf seinen Einsatz.

Wie allgemein üblich lag in der Garderobe für die Modelle, die gleichzeitig auch als Aufenthaltsraum für die bei Fototerminen obligatorischen Verzögerungen diente, zur Kurzweil der Wartenden eine Anzahl Magazine aus. Heller schaute durch den Stapel von Architekturzeitschriften und Motorsportblättern und entschied sich für die bereits im Juli erschienene Ausgabe eines die internationalen Topdesigner bewerbenden Modemagazins, in welchem in Hochglanz die aktuelle Wintermode vorgestellt wurde. Einige der Kollegen, Männer wie Frauen, kannte er persönlich von gemeinsamen Fotobuchungen, andere genossen in der Branche einen spektakulären Ruf und waren jedem ein

Begriff. Er suchte im Heft nach bekannten Gesichtern und fand etliche. Fasziniert betrachtete er die Modenschau der Winterkollektion des Hauses Chanel, die im berühmten, die Loire überspannenden Schloss Chenonceaux fotografiert worden war. Auf einem der wahrhaft brillant aufgenommenen Bilder entdeckte er eine von ihm überaus geschätzte Kollegin, eine Französin mit Namen Petipa de Pays-Carrefour und eine alterslose Ikone des Laufstegs, die mit ihrer königlichen Erscheinung die Präsentationen sämtlicher großer Modehäuser in Paris und Mailand adelte. Auf dem Foto trug sie einen hellblauen, gegürteten Mantel, ganz ähnlich dem, wie er ihn an Svetlana in Erinnerung hatte, obwohl er sie nur einige wenige Momente gesehen hatte. Diese Entdeckung erregte ihn auf der Stelle. Er überlegte hin und her, ob eine als hochprofessionell geltende Frau wie sie sich tatsächlich solch eine kleine Schwäche wie eine Vorliebe für Chanel-Mode gestattete, anhand der es letztlich möglich sein könnte, eine Spur von ihr zu finden.

Nach einer ihm endlos lang erscheinenden Wartezeit bat ihn ein Assistent ins Studio. Heller trug nur eine Badehose, als er seinen Platz einnahm. Die Zeit schlich dahin. Er konzentrierte sich auf die Anweisungen des Fotografen:

- Das Kinn vielleicht zwei Millimeter höher, den Kopf minimal ins Profil, nein, halt, zurück...

Seine im Dialog mit der Kamera übliche, kreative Spontaneität war hier nicht gefragt. In diesem Bild war Heller ein Ding an seinem angestammten Platz. Jede seiner Bewegungen erfüllte den Fotografen mit Panik. Seit drei Stunden saß Heller in der mit Schaumbad bis fast zum Rand gefüllten Badewanne, mit der ihm eigenen Disziplin und ohne zu murren, und bat nur einmal, als das Wasser erkaltet war, heißes Wasser einlaufen zu lassen. Der Fotograf, der für gewöhnlich ausschließlich Produkte ablichtete, was in der Branche als *still lifer* bezeichnet wurde, hatte nie zuvor ein menschliches Modell vor seiner Kamera gehabt und bastelte stundenlang an den Lichteinstellungen herum, ohne sich um die Befindlichkeiten Hellers zu bekümmern. Selbst in dem überhitzten Studio fror er und spürte durch die andauernde Feuchtigkeit seine Haut schrumpeln. Nach insgesamt fünf Stunden Aufenthalt in der Wanne, was seine Geduld bis an selten ausgelotete Grenzen brachte, kassierte Heller eine vierstellige Summe für diese in seinen Augen noch unterbezahlte Tortur und schlug drei Kreuze, dass sie endlich vorüber war.

Am nächsten Morgen erreichte ihn ein Anruf seiner Agentur, die ihm eine Buchung für einen Modekatalog vermittelte. Die Aufnahmen sollten an drei Tagen in Südfrankreich stattfinden, ein Ticket nach Nizza und Übernachtungen im berühmten Hotel Negresco waren für den Anreisetag bereits gebucht. Der kurze Ausflug in die gemäßigte Zone des Südens wäre ein willkommenes Intermezzo im kalten Winter gewesen, wenn nicht ohne Unterbrechung die Frau namens Svetlana in seinem Kopf umher spukte. Aber dann siegte die Aussicht auf einige unbeschwerte Tage in wärmeren Gefilden und die luxuriösen Annehmlichkeiten eines solchen Jobs.

Heller flog mit einer antiquiert anmutenden Propellermaschine, die gerade einmal Platz für dreißig Passagiere bot, via Amsterdam und nahm von dort eine Linienmaschine. Am Flughafen Nizza Côte d'Azur angekommen, fuhr er mit dem Taxi ins feudale Negresco, direkt an der Promenade des Anglais gelegen. Es war früher Nachmittag, das Team noch nicht vollständig eingetroffen, und Heller beschloss einen kleinen Rundgang durch die Stadt zu unternehmen. Er kannte Nizza von einer Fotobuchung vor ein paar Jahren, wo er als Werbeträger für einen Hüttenkäse abgelichtet worden war. Es war schön, wieder hier zu sein, im mediterranen Sonnenschein der pulsierenden Metropole. Eine Weile saß er auf einer Bank und schaute aufs Meer. Die Ortsveränderung bescherte ihm Glücksmomente. Aus dem Kopfhörer drang Musik:

And the sand and the sea grows
I close my eyes
Move slowly through drowning waves
Going away on a strange day

Später trank er einen Pastis in einem Café in der Fußgängerzone. Die milde Temperatur von zwanzig Grad lud ein, draußen zu sitzen und die flanierenden Leute zu beobachten. Einmal dachte er, in der Menge von weitem Svetlana zu sehen, doch dann sagte er sich, dass seine Fantasie wieder mit ihm durchging.

Die Aufnahmen für den Katalog begannen am nächsten Tag in Saint-Paul-de-Vence. Ein gemieteter Kleinbus, der von einem lokalen Scout gefahren wurde, brachte das gesamte Team dort hin. Heller zog sich auf offener Straße um, wie oft bei Buchungen. Die Stylistin versorgte ihn mit der jeweils zu fotografierenden Garderobe. Er trug Anzüge, Kombinationen, aber auch Freizeitkleidung, alles hochwertig und teuer. Leute blieben stehen und beobachteten mit penetranter Neugier das in ihren Augen offenbar sensationelle Ereignis eines Fotoshootings. Heller kannte solch ein Verhalten schon, er hatte es oft erlebt.

Auf einigen der Fotomotive an seiner Seite war Ewa, eine über eine Hamburger Modellagentur für diesen Katalog gebuchte Schwedin und eine der anmutigsten Kolleginnen, mit denen er jemals gearbeitet hatte. Doch ihre berückende Schönheit ließ ihn fast kalt, weil in seinem Kopf sich alles immer nur um die geheimnisvolle Svetlana drehte.

Mittags aß das Team im berühmten Restaurant *La Colombe d'Or*, wo seinerzeit noch kaum bekannte Künstler wie Picasso, Chagall und Matisse ihr Essen mit Bildern bezahlt hatten. Es war ein Auftrag, wie Heller ihn liebte: inklusive *buy-outs* für Plakatierung und Verbreitung in großen Teilen der Europäischen Union würde er für drei Tage Arbeit neuntausend Euro kassieren, er übernachtete in einem der besten Hotels der Welt, aß nur in sterneprämierter Spitzen-Gastronomie und durfte das frühlingshafte Flair der Côte d'Azur genießen. Zwei Tage, wo sie am Yachthafen von Villefranche und auf dem Boulevard de la Croisette in

Cannes fotografierten, schlossen sich an, bevor er entspannt den Rückflug antrat. Und ganz nebenher konnte er sein Portfolio mit hochkarätigen Fotos ergänzen, aufgenommen an pittoresken Schauplätzen und in exklusiver Garderobe:

Heller in den sonnendurchfluteten Gassen einer mediterranen Altstadt.

Heller am Quai vor einer Yacht, umfangen vom grandiosen Licht des Mittelmeers.

Heller im Schein der Abendsonne auf der Treppe des Carlton-Hotels in Cannes.

Ich sauge, dachte er, das schöne Licht des Südens in mich hinein, zu all dem anderen, das schon in mir ist.

Am Abend des zweiten Tages stand er am Fenster seiner abgedunkelten Suite im zweiten Stock des Negresco und schaute mit dem für diesen Fall mit sich geführten Feldstecher auf die Fassade des in der Rue Cronstadt gleich gegenüber liegenden Hauses. Er hatte lange keine nächtlichen Exkursionen mehr unternommen und brannte auf sich ihm eröffnende Einblicke in private Räume. In dem Haus gegenüber, einer prachtvollen alten Stadtvilla mit kunstvoll gestalteter Fassade, wurden, wie er einem an einer Balkonbalustrade angebrachten Schild entnahm, Wohnungen zur Miete angeboten. Einige Fenster waren erleuchtet, andere lagen in völliger Dunkelheit.

Dann erschrak er mit einem Mal. An einem der nicht von Licht erhellten Fenster, gleich vis-à-vis von ihm, spiegelten sich zwei Lichtreflexe, offenbar von vor dem Haus befindlichen Straßenlaternen, in den Okularen eines Fernglases, mit dem jemand, verborgen in der Dunkelheit des Raumes, die Fassade des Hotel Negresco beobachtete. Er trat sofort zurück in sein Zimmer. Dort ging jemand der gleichen Obsession nach wie er selbst.

Heller konnte unmöglich wissen, dass die Person, die es ihm dort drüben nachtat und soeben ihr Fernglas absetzte, eine Frau war, welche gestern spontan in einem der in diesem Haus leer stehenden Apartments vorübergehende Wohnung bezogen hatte. Sie hatte sich unter dem Pseudonym Baronesse Felicitas Petrowskaja dort eingemietet und die für solche Fälle übliche Kaution in bar bezahlt. Der Name jedoch, unter welchem sie den weltweit fieberhaft nach ihr suchenden Ermittlern allgemein bekannt war, lautete Svetlana.

22

Das erste, was er sah, war ihr Mantel, von einem Hellblau, das die heitere Farbe des Winterhimmels kopiert hatte. Sie trat in sein Blickfeld im Gleißen der Mittagssonne, sehnsüchtig von ihm erwartet und dennoch in diesem Moment gänzlich unverhofft. Heller hob den Blick, im vergeblichen Versuch seine Überraschung zu kaschieren. Ihr Gesicht jedoch zeigte keinerlei Regung, nicht einmal Neugier. Sie trug eine schwarze Sonnenbrille in der Hand. Ihre Augen waren grün wie das Meer an manchen Tagen, farbige Kontaktlinsen, dachte Heller unwillkürlich, und wie im Dom verbarg ein seidenes Kopftuch ihr Haar. Es verlieh ihrer Erscheinung eine mondäne und auch nostalgische Eleganz, als sei eine Filmschauspielerin der *nouvelle vague* plötzlich Fleisch und Blut geworden. Sie blieb vor ihm stehen und schaute ihn an, stumm und auf ein Wort von ihm wartend. Um sie herum gingen die Menschen ihres Weges, auf der Burgallee in Kaiserswerth, wo die Ruine der Kaiserpfalz den im Mittag leuchtenden Rhein umrahmte.

Natürlich hatte sie ihn mit der professionellen Wachsamkeit ihres Metiers nicht angerufen, sondern über sein Telefon geortet. Der blaue Mantel, das sah er jetzt auf den ersten Blick, war in der Tat von Chanel, sein Stoff, sein extravaganter Schnitt und seine außergewöhnlichen Details machten ihn absolut unverwechselbar. Wenn diese im Internet kolportierte Vorliebe für das Modehaus Chanel zutraf, fuhr ihm durch den Kopf, vielleicht liebte Svetlana dann auch Tschaikowsky. Bei dem Gedanken musste er lächeln.

Er schaute ihr in die Augen und glaubte dort auf dem Grund ihrer Iris ebenso ein Lächeln zu entdecken, aber sie stand im Gegenlicht, und er konnte sich, geblendet vom grellen Widerschein der Sonne, täuschen. Nur ihre Schönheit war auch im wahrhaft schmerzenden Licht, das der nahe Fluss noch reflektierte, klar zu erkennen, sie raubte ihm fast den Atem.

- Svetlana, so viel weiß ich über dich, ist wohl nur ein Deckname. Wie soll ich dich nennen? fragte Heller.

Sie wandte ihren Kopf ins Halbprofil und lauschte seinen Worten wie einer fernen Musik, von der man nicht weiß, ob sie erbauend sein wird oder nicht. Dann antwortete sie mit einer Stimme, deren sanfter Wohlklang ihn überraschte:

- Wie wäre es nur mit Lana?

Ihr kaum merklicher Akzent verriet osteuropäische Wurzeln. Damals in San Francisco meinte er eine Kreolin oder Karibin in ihr gesehen zu haben, aber dort war die Entfernung zwischen ihnen groß gewesen, und die Strahlen der sinkenden Sonne hatten sie überbelichtet.

- Gut, also Lana. Ich fasse zusammen, was ich außer dem Namen von dir weiß: du trägst Chanel, liebst Tschaikowsky, gehst einem gefährlichen Beruf nach, und es heißt, du hast eine Affäre mit deinen Zielpersonen, bevor…, sagte Heller, den Satz nicht vollendend.
- Glaubst du alles, was im Internet steht? fragte sie, und dieses Mal zauberte sie in der Tat ein kleines Lächeln auf ihre Züge.
- Es gab wenig Auswahl, und irgendeine Geschichte musste ich dir zuordnen, antwortete er.

Sie setzte die Sonnenbrille auf, mit beiden Händen die Bügel unter das eng am Kopf anliegende Tuch schiebend, und erschien ihm noch rätselhafter als zuvor.

- Warum musstest du? Und warum der Kontakt? Und wie konntest du wissen, dass ich dich finden würde? fragte sie weiter.

Heller lachte.

- Ganz einfach: ich bin fasziniert von dir. Und Du bist ein Profi. Ich hatte keine Zweifel, dass du mich findest, sagte er.

- Aber du kennst mich gar nicht. Du hast mich nur einmal für ein paar Sekunden gesehen, im Mariendom, erwiderte Svetlana.
- Ich muss dich korrigieren. Ich habe dich genau dreimal gesehen, zweimal ohne dein Wissen. Einmal in San Francisco aus meinem Hotelfenster, wie du auf der Fensterbank deines Zimmers ein Sonnenbad genommen hast, das zweite Mal im Dom, das stimmt, und dann noch einmal, aus der stehenden S-Bahn, als du in Gesellschaft von Dubakow das rote Auto verbrannt hast, meinte Heller.

Erstaunen machte sich auf ihrem Gesicht breit, er sah es trotz der Sonnenbrille, die ihre gesamte Augenpartie bedeckte.

- Und jetzt glaubst du, das war Schicksal und ich bin die Frau für dich? fragte sie, ihre Skepsis ebenso wie ein wenig Spott unüberhörbar.
- Das können wir nur gemeinsam herausfinden. Ich stelle mir ein Privatleben schwierig vor in deinem Job, antwortete er.
- Und dieser mein Job, von dem du sprichst, hält dich nicht davon ab, meine Nähe zu suchen, fragte sie.
- Ich bin weder dein Auftraggeber noch deine Zielperson. Ich bin nur ein Mann, der vor einer atemberaubenden Frau steht. Alles andere interessiert mich erst danach, sagte er.

Svetlana schaute ihn lange an, als wollte sie seine innersten Gedanken ergründen. Dann sagte sie leise:

- Ich muss in meinem Job immer damit rechnen, dass eines Tages auch irgendjemand auf mich angesetzt wird, weil ich zu viel weiß.
- Ich gehe davon aus, dass du im Netz auch über mich genügend Information gefunden hast. Kannst du diese Möglichkeit dann nicht ausschließen, fragte Heller lächelnd.
- Das kann ich niemals, aber zumindest wärst du ein Schläfer mit einer perfekt gestrickten Legende, erwiderte sie.
- Dann sehe ich zwei Möglichkeiten für uns. Entweder unsere Wege trennen sich hier und jetzt oder wir beginnen im allgegenwärtigen Bewusstsein, dass der eine den anderen jederzeit eliminieren kann, den erregenden Versuch eines Miteinanders, schlug er vor und schaute gebannt auf sie.

Die Frau, die in der ganzen Welt unter dem Namen Svetlana berüchtigt war, traf ihre Entscheidung spontan und ohne ein Wort. Sie schaute ihn an durch die dunklen Gläser ihrer Sonnenbrille, legte ihre Hand, eine zarte, samtweiche und dennoch eine für manchen todbringende Hand, in seine, und dann gingen sie gemeinsam von der Burgallee hinunter zum Rhein und dort den Uferpfad entlang durch das gleißende Licht von Himmel und Fluss.

23

Sie verbrachten die Nacht in einem im Industriegebiet von Flingern gelegenen *safe house*, in dem Svetlana zurzeit die einzige Bewohnerin war. Der unscheinbare und fensterlose Betonbau befand sich im Hinterhof eines dem Verfall preisgegebenen Fabrikgebäudes und war mit versteckt angebrachten und kaum zu entdeckenden Kameras und komplizierten elektronischen Zugangssperren bewehrt. Heller hütete sich davor, irgendwelche Fragen zu stellen. Er wollte keinesfalls ihr Misstrauen wecken.

Das erste, was er nach dem Eintreten entdeckte, war ein riesiger Computerbildschirm, der in einer Diaschau die gerade von ihm in Südfrankreich für den Modekatalog gemachten Fotos zeigte. Sein Erstaunen war grenzenlos.

- Wie bist du daran gekommen? fragte er atemlos.
- Ich habe in Nizza den Laptop deines Fotografen gehackt, lachte Svetlana.
- Du warst in Nizza? vermochte er kaum zu glauben.
- Ich wollte wissen, wer du bist, antwortete sie.
- Einmal habe ich wirklich geglaubt dich zu sehen, in einiger Entfernung, überlegte Heller.
- Ich muss wohl dringend meine Tarnung nachbessern, erwiderte sie stirnrunzelnd.

- Aber dann warst du die ganze Zeit in meiner Nähe? Und ich habe es nicht bemerkt, wandte er ein.
- Doch, du hast. Ich war im Haus gegenüber von deinem Hotel, und habe nachts mit dem Fernglas in dein Zimmer geschaut, klärte sie ihn auf.

Im Bett überwältigte ihn ihre eruptive Naturgewalt. Sie schliefen viermal miteinander. Svetlana gab die routinierte Virtuosin, die zärtlich Hingebungsvolle, die tabulose Schlampe, aber auch wenn es noch zu früh für ein endgültiges Urteil sein mochte, vermisste Heller etwas Entscheidendes, auf das er doch sehnlichst gehofft hatte: ein winziges Zeichen nur von erwachendem Gefühl, sowohl bei ihr wie auch bei sich selbst.

- Erzähl mir von dir, bat er, als sie erschöpft nebeneinander lagen.
- Genügt die Kurzversion? fragte sie zurück.
- Wie immer du willst, antwortete er.
- Also gut: Vater Russe, besser gesagt Russland-Deutscher, Mutter Deutsche, beide waren für den russischen Geheimdienst tätig. Aufgewachsen in Petersburg und Berlin, wo mein Vater als Diplomat in der russischen Botschaft seine Fäden zog. Meine Mutter wurde als Sekretärin bei zwei Mitgliedern des Bundestages eingeschleust, Einer davon leitete den Ausschuss für transatlantische Beziehungen, sein Umfeld wurde von den Amerikanern genauestens unter die Lupe genommen. Nach

der Enttarnung meiner Mutter hat die CIA das Problem diskret von einem Auftragskiller lösen lassen. Er liquidierte meine Mutter bei einem Karibik-Urlaub und ließ es wie einen von einheimischen Kriminellen verübten Raubmord aussehen.

- Hat ihn niemand dafür zur Rechenschaft gezogen? unterbrach Heller ihre Geschichte.
- Als ich durch Vaters Recherchen seinen Namen erfuhr, machte ich mich an ihn ran. Da war ich siebzehn, und er war der erste auf meiner Liste, sagte sie, und ein düsterer Schatten verdunkelte ihre Stirn.
- Und hast du vorher mit ihm…ich meine…, fragte er zögernd.
- Ja. Es war in Pasadena, einer Gemeinde von Los Angeles, in einem Motel. Er schlief im Bett neben mir, völlig ahnungslos. Gegen so ein blutjunges Ding wie mich hegte er nicht den geringsten Verdacht. Ich habe ihn geweckt, indem ich ihm die Mündung der Pistole an die Stirn gedrückt habe, und ihm gesagt, wer ich bin. Die Angst in seinen Augen war meine Rache, antwortete sie.

Heller schwieg. In seinem Kopf wirbelten die Gedanken. Er fragte sich, ob sie das gerade für ihn erfunden oder ob sie ihm die Wahrheit erzählt hatte, und falls sie sich ihm tatsächlich anvertraut hatte, war es im sicheren Bewusstsein geschehen, dass er sein Wissen niemals weitergeben könnte? Er konnte sich das nicht beantworten. Doch er musste sich eingestehen, dass ihre Eiseskälte ihn faszinierte.

Beim Frühstück fragte Svetlana ihn nach seinen Plänen für den Tag. Er sagte, er wolle ihr am Nachmittag gern etwas zeigen. Sie hob die Augenbrauen leicht in die Höhe, neugierig oder wachsam, er vermochte es nicht zu unterscheiden.

Heute trug sie nicht den hellblauen Mantel, sondern kleidete sich ganz in Schwarz: Cardigan, Pullover, Leggins, Handschuhe. *Dressed to kill*, hämmerte es in seinem Kopf.

Beim Verlassen des *safe house* aktivierte sie nach einem einstudierten Ritual die umfangreichen elektronischen Sicherungen. Dann stiegen sie in einen für Lana bereit stehenden schwarzen Passat. Heller war nicht sicher, ob das der Wagen war, in welchem sie Dubakows Leiche transportiert hatte. Er wies ihr den Weg, und sie fuhren im dichten Verkehr über die A46 Richtung Neviges. Lana begann zu ahnen, was ihr Ziel sein würde.

Im Mariendom nahm er ihre Hand und führte sie geradewegs zu der Ikone. Sie schien überrascht, denn bei ihren bisherigen Besuchen hatte sie ihr keine Beachtung geschenkt.

- Schau es dir an. Ich dachte anfangs, die Frau auf dem Bild bist du, erklärte er, seine Blicke wechselnd zwischen ihrem Gesicht und dem auf der Ikone.

Lange, als wollte sie jedes Detail in sich aufnehmen, schaute sie das Bild an und meinte dann:

- Man kann ihre Züge nur erraten. Eine Ähnlichkeit mit mir zu sehen ist doch sehr spekulativ.
- Vielleicht habe ich mir das eingeredet, um dich irgendwie greifen zu können, erwiderte Heller.

Svetlana zündete zwei der in einem Behälter gestapelten Teelichter an und stellte sie auf das dafür bestimmten Tablett neben dem Bild.

- Eins für dich, eins für mich, sagte sie.
- Wie lange werden sie brennen? fragte er versonnen.
- Lass mich bitte noch ein paar Minuten allein hier. Ich möchte zur Madonna beten, bat sie.

Als er hinausging, suchte sein Blick unter dem im Dunkel liegenden Dachgewölbe nach seinem Schutzengel. Draußen setzte er den Kopfhörer auf. Er stand allein auf dem von Platanen gesäumten Platz vor dem Mariendom, schaute an den fernen Himmel, an den ganz behutsam der frühe Abend kroch, und lauschte der kryptischen Musik.

You were a mystery
No one could help me solve
So I just had to see for myself
Now I know

Er wusste nichts. Zu viele Fragen waren offen. Svetlana blieb ein Rätsel. Und das würde, Mitgift ihrer Profession, vermutlich immer so sein. In ihm wuchs die schmerzliche Einsicht, er hatte sich da in etwas verrannt, in das Trugbild einer Erlösung, die ausbleiben würde. Ja, er hatte von der verbotenen Speise gekostet. Auf einmal sah er die Dinge in berückender Klarheit. Svetlana und er, das würde nicht gehen, das konnte niemals eine Zukunft haben.

Aber er fragte sich resigniert, ob es nicht immer so war, das Verlieben: geboren aus einem Akt der Willkür, aus einer Befindlichkeit der Sehnsucht, einer momentanen Verlorenheit, welche Rettung begehrte von einem Objekt, auf das man dann seine ganze Begierde richten konnte, auch wenn Ernüchterung unweigerlich bevorstand, weil nur in den seltensten Fällen jemand eines Menschen Weg kreuzte, welcher laut den alten Sagen seiner von den Göttern getrennten zweiten Hälfte entsprach.

Hinter den kahlen Zweigen des Kalvarienberges hatte der Himmel die Farbe einer Blutorange. Inmitten der Bäume blitzte es auf wie Feuer, spiegelte das einfallende Licht, als gleite die sinkende Sonne ab von Metall.

Er hörte sie nicht, aber er spürte instinktiv, dass sie hinter ihm war. Langsam und lächelnd auch wandte er sich um. Das Messer sah er nicht kommen. Es steckte mit einem Mal in seiner Brust.

Heller blickte an den Himmel, der sich im Zeitraffer zu verdunkeln schien. Wo ist mein Schutzengel? dachte er. Wo ist die Kamera? Er sank kraftlos auf seine Knie. Im Fall rutschte der Kopfhörer von seinen Ohren.

Kniend dann zog er, flankiert von knotigen Platanen, mit beiden Händen das Messer aus der Brust. Durch die Wunde schien das Licht aus seinem Körper zu strömen und verlor sich in der hereinbrechenden Dämmerung. Sie brauchen keinen Lichtaufbau, ging es durch seinen Kopf, das Licht ergießt sich aus mir. All das Licht aus all den Jahren. Aus mir.

- Warum? stammelte er ungläubig, seine Stimme nur noch ein Wehen.
- Ich darf kein Risiko eingehen, sagte sie ohne jede Emotion, so als würde der Bescheid einer Behörde ergehen.

Im strahlenden Licht, das aus ihm strömte, stand Svetlana regungslos vor ihm, ihre sich aller Deutung entziehende Erscheinung mysteriös und fast wie damals im Hotelfenster in San Francisco, als die sinkende Sonne sich über sie ergossen hatte. Sie wandte sich um und ging durch die

Platanenallee den Vorplatz des Domes hinab, scheinbar ohne Eile. Niemand war zu sehen.

Der Schuss kam mit peitschendem Knall vom Kalvarienberg herab. Die Betonfassade des Domes warf sein Echo zurück, scharf und in blechern zitterndem Nachhall. Mit weit aufgerissenen Augen schaute Heller auf Svetlana. Die Kugel drang ihr an der vorderen Schläfe in den Kopf und trat diagonal am hinteren Scheitelbein wieder aus. Die Wucht des Einschlags katapultierte ihren Körper in einem kleinen Bogen auf das Pflaster. Fast elegant sah das aus, wie der kraftvolle Sprung eines Delfins.

Dann kam die Stille. Unwiderruflich und schwer. Sie fühlte sich an wie ein Schmerz in seinen Ohren. Die Musik aus dem wie ein durchbrochener Panzer um seinen Hals liegenden Kopfhörer verstummte. Etwas wie Verwunderung breitete sich in ihm aus. Und dann sackte er in sich zusammen, langsam, als würde die Zeit anhalten. Seine Augen schlossen sich, und vor ihrem eben noch geballten Schauen wurde es dunkler und dunkler...

Die Idee und erste Skizzen zu dieser Erzählung entstanden circa im Jahr 1988: ein Mann, gebrochen, weil enttäuscht von der Liebe, flüchtet sich in eine fiktive Parallelwelt. Unterlegt vom Soundtrack der Musik aus seinem Kopfhörer verliert er zunehmend den Blick für die Realität und erschafft sie sich neu als Illusion eines Films.

Das ursprüngliche Konzept der klassischen Figur eines Walkman hörenden Flaneurs ließ sich nahtlos in die moderne Gegenwart des Jahres 2022 transponieren, in welcher allzeit verfügbare und personalisierte Musik nunmehr per Streaming-Dienst von einem Mobiltelefon kommt. Die von ihm in der Erzählung gehörte Musik allerdings ist - unter dem Oberbegriff *New Wave-* die der späten 70er & frühen 80er Jahre, deren Texte immer wieder in die Geschichte hineinspielen.

Verzeichnis der zitierten Musik

Ultravox: *Hiroshima mon amour*
Man of two worlds
Maximum acceleration

Simple Minds: *Someone, somewhere in summertime*
Hunter and the Hunted
Love Song

Depeche Mode: *World in my eyes*

Martha & The Muffins: *Terminal Twilight*
Echo Beach

Zucchero: *Amore Adesso*

Wire: *Outdoor Miner*

Joy Division: *Dead Souls*

The Stranglers: *No more heroes*

Siouxsie & The Banshees: *Icons*

The Cure: *Strange day*

Comsat Angels: *Now I know*

Bonustracks

3 Erzählungen

Der Orca

Ein großes Dankeschön an Frank, Sabrina, Leni & Tilda Eickhoff für die Erlaubnis ihre Namen an fiktive Personen zu vergeben

1

Der Ort Neviges, ein selbst in den Augen seiner Bewohner verschlafenes Kleinstädtchen, das im hügeligen Niemandsland zwischen den Metropolen Essen und Wuppertal eingebettet lag, konnte sich hierher verirrenden Besuchern mit immerhin zwei bedeutenden Sehenswürdigkeiten aufwarten. Als eine davon galt die berühmte, von Gottfried Böhm im Jahre 1968 erbaute Wallfahrtskirche, im offiziellen Sprachgebrauch Mariendom genannt, von den Einheimischen jedoch aufgrund ihrer futuristischen Architektur auch liebevoll als Affenfelsen, Backenzahn oder Zitronenpresse tituliert. Nahezu ebenso spektakulär erschien jedermann die zweite Sehenswürdigkeit des Örtchens, ein hiesiges Original, ein greiser Blogger, der Tag für Tag mit kunstvollen Schwarzweißfotos und pointierten Petitessen die Befindlichkeiten des öden Nests auslotete und vor gar nicht langer Zeit dafür mit einem renommierten Medienpreis ausgezeichnet worden war. Seine gesammelten Aphorismen waren in einem großen Verlag erschienen unter dem so überaus passenden Titel *Das Kaff der guten Hoffnung.* Bei Nacht, so munkelten die Einheimischen, scheuten in Neviges selbst die Katzen das Streunen, aus Furcht vom Virus unheilbarer Lethargie befallen zu werden. Eben diese vermaledeite Schläfrigkeit hatte die Einwohner seinerzeit im historischen Sommer der Liebe des Jahres 1967 davon abgehalten, im einwöchig auf die Stadt hernieder fallenden Sternschnuppenregen ausgefallene Wünsche zu tätigen, die ihnen nach den weitsichtigen Erkenntnissen des nostradamischen Kalenders ein besseres Leben ermöglicht hätten. Sie zogen es damals vor, das Ereignis zu verschlafen, auch weil sie nicht glaubten, eine der Ewigkeit entlehnte Himmelserscheinung könnte Einfluss nehmen auf ihr Schicksal.

Unerschrocken, weil frei von derlei Bedenken, fuhr Bademeister Frank Eickhoff, den jedermann nur mit seinem Spitznamen Bobby Peru anredete, auf dem für die Mitarbeiter reservierten Parkplatz der städtischen Badeanstalt vor. Diesen seither allgemein gebräuchlichen *nom de guerre* hatte ihm seine Frau Sabrina einst verpasst, eine für ihre akkuraten Soli berühmte Schlagzeugerin und zudem eine im Guiness Buch der Rekorde gelistete Königin der Silbenrätsel. Als er in ihr Leben getreten war, saß sie gerade über der letzten Frage eines Rätsels, welches nur noch vier Silben zur Lösung anbot: *bob-by-pe-ru*. Gesucht wurde eine Figur aus einem Hollywood-Kultfilm, und Sabrina beschloss, als sie die Silben ausstrich und zusammensetzte, das würde auch der Name des Mannes sein, der sie einmal heiratete.

Als Bobby mit der Fernbedienung den Wagen verschloss, schaute er hoch an den wolkenlosen Himmel, wo ein Wanderfalke rüttelnd über ihm in den klaren Lüften stand. Der Kalender zeigte den Morgen des 21. Juni, den längsten Tag des Jahres und offiziellen Beginn des Sommers. Im malvenfarbenen Schein der aufgehenden Sonne lag das von einem vollmundigen Stadtmarketing hochtrabend als Panoramabad bezeichnete Gelände still an den von Wiesen grünen Hang geschmiegt, der hinter dem eigentlichen Stadtkern hinauf zur Sportanlage Waldschlösschen führte.

Wie immer zur Frühschicht trat Bobby um sechs Uhr, eine halbe Stunde vor dem Einlass der ersten Badegäste, seinen Dienst an. Während der Sommermonate war er, seines Zeichens staatlich geprüfter Meister für Bäderbetriebe, in freiberuflicher Anstellung von der Stadt auf den Posten engagiert. Neben dieser saisonalen Beschäftigung produzierte er, wenn seine Zeit es zuließ, als unabhängiger Unternehmer Videoclips und Image-Filme und spielte obendrein den virtuosen Bass in einer Rockgruppe der härteren Gangart. Gut gelaunt pfiff er eine Melodie vor sich hin, ein Lied, das er mit seiner Band FLEISCHWOLF für deren drittes Album eingespielt hatte. Es hieß *Sturmflut*, und noch keimte in seinem unschuldigen Gemüt nicht die leiseste Ahnung, welche alles überschwemmende Sturmflut am heutigen Tag über ihn hereinbrechen würde.

Er schloss das Tor des Haupteingangs auf und gleich hinter sich wieder zu, denn die beiden dort befindlichen Kassenhäuschen waren erst ab 8.00 Uhr, mit Beginn des öffentlichen Badebetriebs, besetzt. Wer bereits um 6.30 Uhr im Becken seine Bahnen ziehen wollte, gelangte durch die Drehschleuse des gleich oberhalb vom Parkplatz gelegenen Seiteneingangs ins Freibad. Zu so früher Stunde kamen ausschließlich Dauerkarteninhaber, meist sich im Alter fit haltende Rentner, ferner die Mitglieder des Schwimmvereins, welche vor Beginn ihres Arbeitstages ein paar Trainingseinheiten absolvierten, oder auch eine kleine Gruppe Triathleten, die sich auf anstehende Wettkämpfe vorbereitete. Für die Sportler wurden im Becken zwei Bahnen abgetrennt, die Rentner schwammen auf den sechs Bahnen nebenan.

Bobby durchquerte im Echo seiner von den Fliesen zurückgeworfenen Schritte die gespenstische Stille des im Sommer geschlossenen Hallenbads und deponierte seine Wasserflasche und die mit Camembert, Gurkenscheiben und frittierten Zucchiniblüten belegten Frühstücksbrote auf dem Tisch in der verglasten Bademeisterkabine, welche durch zwei einander gegenüberliegende Türen Zugang sowohl zu Hallenbad wie auch Freibad gewährte. Das Wasser im Innenbecken lag still und glatt wie ein Spiegel. Er schloss die Außentür zum Freibad auf und wollte eben wie an jedem Morgen das Radio einschalten, um im Rhythmus der Musik die in seinen Gliedern hausende Morgensteifheit durch ein paar Kniebeugen zu vertreiben, als sein Blick hinaus auf das leuchtend blaue Rechteck des großen, fünfzig Meter messenden Schwimmerbeckens fiel. Bobby erstarrte und rieb sich die Augen. Zeitlebens war er niemals ein bekennender Anhänger der halluzinogenen Substanzen gewesen, weder ein Pilzesser noch ein Haschischraucher, und neigte auch in tropischen Sommern wie diesem kaum zu überhitzter Fantasie. Daher verwunderte ihn das, was seine ungläubigen Augen da sahen, umso mehr. Das konnte nur ein Spuk sein, ein Streich, den ihm seine aus den Fugen geratenen Sinne spielten, das war schlichtweg unmöglich! Er hielt den Atem an und blickte in grenzenlosem Staunen auf das, was in Kürze unweigerlich die dritte und bei weitem größte Sensation des Örtchens Neviges werden würde: dort unter ihm in dem für die Schwimmer reservierten Becken schwamm ein Orca.

Ein Schwertwal in seinem Schwimmbad! Es überstieg alle Grenzen seiner Vorstellungskraft, auf welch verschlungenen Wegen das Tier hierhergekommen sein konnte. Es war schlichtweg ein Rätsel, ein Mysterium, für das selbst seinem auf Hochtouren arbeitenden Verstand keine Erklärung einfallen wollte. Anfangs überlegte er noch, ob die bei seinem gestrigen Nachtmahl verzehrte Jakobsmuschelterrine oder das dazu genossene Glas Gewürztraminer ihn am Ende mit Fiebergesichten heimsuchten, aber dann stellte er sich mannhaft der nicht wegzuleugnenden Tatsache: der Wal war keine Imagination, kein Spuk und keine Sinnestäuschung, er war da, direkt vor seinen Augen. Anmutig, beinahe spielerisch durchpflügte er die blauen Fluten, hob mit der vollendeten Körperbeherrschung eines Solotänzers seinen schön gezeichneten, schwarzweißen Leib in kleinen Bögen halb aus dem Wasser, um gleich darauf wieder abzutauchen. Das Becken für die Schwimmer maß lediglich zwei Meter in der Tiefe, und Bobby fragte sich, ob das für den Umfang eines so riesigen Tieres ausreichend war. Er trat hinaus auf die Balustrade, von wo aus Treppenstufen abwärts zum Becken führten, und schaute von namenloser Ehrfurcht ergriffen auf den Wal. Welch ein königliches Wesen war das, kraftvoll und unbeirrbar! Doch die entscheidende Frage blieb bestehen: wo kam es her, über Nacht, ganz ohne Ankündigung und aufgetaucht gleichsam aus dem Nichts? Und was war der Grund, worin lag der Sinn, dass es hier war, in einer seinem ursprünglichen Lebensraum so gänzlich entgegen gesetzten, denkbar fremden Umgebung? Bobby fand keine Antwort darauf, und eine vage Ahnung beschlich ihn, es konnte auch keine geben. Einen Moment lang war er sprachlos und schaute nur voller Bewunderung auf das Tier. Dann durchfuhr ihn ein unverhoffter Geistesblitz, und er wusste mit einem Mal, was zu tun war.

Der Blick auf den Chronographen an seinem Handgelenk, einem Geschenk Sabrinas, die nicht wollte, dass er die gemeinsame Zeit jemals vergaß, zeigte 6.04 Uhr. Ihm blieben gut zwanzig Minuten vor dem Eintreffen der ersten Badegäste. Er durfte keine Sekunde verlieren. Bobby eilte durch das Hallenbad hinaus zu seinem Wagen, in dessen Kofferraum sich wie immer seine Filmkamera befand. Schnell nahm er Kamerakoffer und Stativ heraus, verschloss den Wagen und lief zurück.

Auf der Balustrade, von der sich eine eindrucksvolle Totale hinab auf das Schwimmbecken eröffnete, setzte er die Kamera behutsam auf das Stativ. Er fuhr die Füße aus, stellte am Objektiv die Schärfe ein, suchte eine geeignete Perspektive, schaute an den im Osten sich mit der Farbe von Karamell tönenden Himmel, um das von dort wie eine Heilsbotschaft ausströmende Licht zu prüfen, und schaltete dann die Kamera ein.

Mit ruhigen und fließenden Bewegungen drehte der Orca seine Kreise, fast gemächlich, als wolle er jegliches Aufsehen vermeiden. Bobby hielt den Atem an. Gerade schob das Tier seinen mächtigen Kopf aus dem Wasser auf den Beckenrand und spähte hinüber zu dem kleineren, aber sehr viel tieferen Becken unter dem Sprungturm. Seine Finne ragte mehr als einen Meter aus den Fluten hervor, wie das Periskop eines U-Boots. Die Kamera lief, und Bobby fuhr die Einstellung in einem Zoom aus der Totalen groß auf das Tier und langsam wieder zurück. Mit pochendem Herzen sah er, wie der Wal abdrehte und die gesamte Länge des Beckens bis an die Stirnseite durchmaß, wo er abermals wendete, um innerhalb einer kürzesten Strecke maximale Geschwindigkeit aufzunehmen. Einem schwarzen Torpedo gleich schnellte er durch das Wasser, hob unmittelbar vor dem Ende des Beckens seinen Körper leichthin, als würden ihm Flügel wachsen, aus den Fluten empor und sprang in einem hohen, weit ausladenden Bogen über den mehr als fünf Meter breiten Gehweg hinweg geradewegs in das Becken unter dem Sprungturm.

Bobby schwenkte die Kameraeinstellung mit dem kühnen Flug des Wals hinüber auf das kleine Becken, erfüllt von pulsierendem Glück, diesen atemberaubenden Moment nicht nur erlebt, sondern auch für alle Ewigkeit auf Film gebannt zu haben. Dann hielt er die Aufnahme an.

Wieder schaute er auf die Uhr. Der offizielle Einlass für die Badegäste nahte in fünf Minuten. Einige Frühaufsteher warteten bereits ungeduldig vor dem unteren Eingang. Er hatte die Drehschleuse noch nicht entsperrt und würde das nach Lage der Dinge auch nicht tun. Es barg ein unkalkulierbares Risiko und war daher viel zu gefährlich, Menschen ins Bad und in die Nähe des Wassers zu lassen. Bobby ging in seine Kabine und holte eine Tafel mit dem

Hinweis *Heute geschlossen* hervor. Mit festem Schritt begab er sich zum Eingang, hängte die Tafel gut sichtbar neben das Drehkreuz und sah sich sogleich lautstark murrenden Kommentaren ausgesetzt. Auf die ungestümen Fragen einiger Rentner nach dem Grund für die Schließung antwortete er ausweichend, dass im Wasser etwas festgestellt worden war, das den Schwimmbetrieb nicht zuließ, weil es gesundheitsgefährdend sein könnte. Indessen war der Wal ganz untergetaucht, und die Wartenden hatten ihn bisher nicht bemerkt, zumal das leicht abschüssige Gelände zum Sprungturm hin anstieg und eine direkte Sicht auf das unter ihm befindliche Becken verhinderte. Immer noch maulend entfernten sie sich und begaben sich zu ihren auf dem Parkplatz abgestellten Autos.

Erleichtert eilte Bobby zurück auf die Balustrade. Er sah, wie das Tier langsam unter der Oberfläche kreiste und das tiefere Wasser offenbar zu genießen schien. Einem spontanen Einfall folgend erklomm er den Fünfmeterturm, von dessen oberster Plattform er die Kamera auf das unter ihm liegende Becken richtete. Die Bilder waren spektakulär. Rauschende Wellen werfend durchschnitt der Wal die Fluten in kleinen Bögen, ein Ballett präziser Choreographie. Um seinen imposanten Körper perlte weiße Gischt, und seine gewaltige Fluke tauchte mit elegantem Schwung hinter ihm ins Wasser. Die Illusion einer sanften Brandung schwang wie ein Choral in der Luft.

In seiner gläsernen Zentrale fuhr Bobby den dort für die Bademeister bereitstehenden Computer hoch. Noch während seine Kamera die Filmaufnahmen auf das Gerät überspielte, griff er zum Telefon. Vermutlich würde er Thomas Roth, den Redaktionsleiter des TV-Magazins, für welches er bis vor einigen Jahren wöchentliche Filmbeiträge erstellt hatte, um diese Zeit aus dem Schlaf holen, aber das glaubte er angesichts der ihn erwartenden Sensation verantworten zu können. Roth war ein ständig unter Strom stehender Vollblut-Journalist, der für eine hohe Einschaltquote seine eigene Mutter öffentlich enthauptet hätte.

- Hallo, meldete sich eine heiser verschlafene Stimme, welcher Bobby durchaus eine Spur Empörung über den unwillkommenen Weckdienst anhörte.
- Guten Morgen, Tom. Hier ist dein alter Kollege Bobby.
- Oh Jesus Maria, was um Himmels willen treibt dich in dieser Herrgottsfrühe an? grummelte es schlaftrunken am anderen Ende der Leitung.

Die geballte Anhäufung christlicher Nomenklatur ließ Bobby schmunzeln: Jesus, Maria, Himmel, Herrgott, das alles in einem kurzen Satz. Doch Thomas Roth war, wie er nicht anders erwartet hatte, schlagartig hellwach, als er den Grund für den Anruf erfuhr. Unter knisternd greifbarer Spannung gab er seine Mailadresse durch.

- Das Material ist noch ungeschnitten, aber wenn ihr euch im Sender ranhaltet, könnt ihr einen ersten Auszug in den Frühnachrichten bringen, erklärte

Bobby noch und schickte die Filmaufnahmen mit einem Klick auf die Reise.

Draußen auf der neben seiner Kabine stehenden Bank gab er sich einem kurzen Augenblick der inneren Einkehr hin, bevor sich die Ereignisse an diesem bereits jetzt denkwürdigen Tag aller Voraussicht nach überschlagen würden. Die ganze Zeit pochte sein Herz rasend schnell, als hätte er Tollkirschen genascht. Noch hatte er die ganze Tragweite dessen, was soeben geschah, nicht in vollem Umfang ermessen können. Er war hier in dem ihm anvertrauten Bad, allein mit diesem prachtvollen Wesen, das die überwältigende Majestät der Schöpfung verkörperte. Schwerelos schwamm der Wal unter dem Sprungturm und stieß aus seinem Atemloch eine hohe Wasserfontäne, die in feinem Sprühnebel aufstieg und niederfiel. Bobby lauschte auf den eigenen Atem, immer noch gebannt von dem unerklärlichen Wunder vor seinen Augen.

In diesen Moment meditativer Stille hinein verkündete ein Signalton eine auf seinem Telefon eingehende Textnachricht. Es war die Eingangsbestätigung von Thomas Roth, der euphorisch ein üppiges Honorar für die ihm zugesandten Bilder ankündigte. Lächelnd und mit einem letzten zärtlichen Blick auf den Orca erhob sich Bobby, atmete einmal tief durch und begann sein Tagewerk, welches, da war er sicher, sich an diesem besonderen Datum der Sommersonnenwende so ganz anders gestalten würde, als er gewohnt war.

Bald darauf schon setzte, wie erwartet und befeuert von den ohne Verzug und Unterbrechung gesendeten Fernsehbildern, der unaufhörliche Ansturm von Anrufern und Besuchern ein und wollte bis zum Abend nicht abreißen. Von Bobby umgehend verständigt traf der Bürgermeister ein. Er trug seinen feinsten dunkelblauen Zwirn mit einer gelben Rose im Knopfloch seines Revers, denn laut seinem Terminkalender stand heute die Kindstaufe seiner Enkeltochter an, die er jedoch im Angesicht des Ungeheuerlichen versäumen würde. Von seinen feisten Zügen troff der Schweiß. Mit ihm kam der Leiter der städtischen Badbetriebe, ein vierschrötiger Hüne mit Glatze und Stiernacken, dem man gerüchtehalber eine Verbindung zu radikalen Hooligankreisen eines Bundesligisten aus dem nahen Ruhrgebiet nachsagte. In namenlosem Staunen schauten beide einige Male am Computer den Livestream der Fernsehnachrichten mit den von Bobby gefilmten Sequenzen, während der Orca ruhig im Becken kreiste.

Kurz vor 8.00 Uhr trafen zwei Kolleginnen vom Badpersonal ein, die für den Dienst im Kassenhäuschen am Haupteingang eingeteilt waren. Da das Bad jedoch heute geschlossen bleiben würde, hatte Bobby sie gebeten, auf den beiden Telefonen im Büro die nach der Erstausstrahlung in den Frühnachrichten nicht abreißenden Anrufe entgegenzunehmen. Weitere Fernsehsender wollten unbedingt eigene Kamerateams schicken, Zeitungsredaktionen fragten nach Terminen, der Naturschutzbund kündete den Besuch einer Delegation an, welche feststellen sollte, ob das Tier sich in einer artgerechten Umgebung aufhielt, ein

Biologe der nur einen Katzensprung entfernten Universität Wuppertal begehrte den Wal in Augenschein zu nehmen, und der Zoo Duisburg bot die Entsendung seines Delfintrainers an.

Vor dem Nebeneingang hatte sich inzwischen eine Menschenansammlung Neugieriger gebildet, die lautstark Einlass forderten, um die in den sozialen Medien wie ein Lauffeuer verbreitete Sensation mit eigenen Augen zu bestaunen. Immer wieder musste Bobby die Wartenden beschwichtigen und auf die Gefahr verweisen, die von einem Killerwal ausgehe, aber der asoziale Mob gab keine Ruhe. Die Stimmung schaukelte sich hoch und drohte jederzeit umzukippen. Nach kurzer Rücksprache mit seinem Vorgesetzten forderte er telefonisch Polizeischutz an.

Zehn Minuten später trafen zwei uniformierte Beamte ein und wurden von Bobby am Haupteingang empfangen. Sie kamen gerade rechtzeitig, denn soeben machten sich unter dem Gejohle der Übrigen einige ganz Verwegene daran, den Zaun am unteren Eingang zu erklimmen, was die Situation endgültig außer Kontrolle gebracht hätte. Bobby eilte mit den beiden Polizisten dazu und wies die Eindringlinge mit der Drohung einer Anzeige inklusive hoher Bußgelder zurück. Unter drastischen Flüchen ließen sie von ihrem Vorhaben ab, ohne dass die Ordnungshüter sich von solchen verbalen Entgleisungen im Geringsten beeindruckt zeigten.

Während sie sich auf der Innenseite des Zauns postierten und dort die Stellung hielten, schlug Bobby dem Leiter der städtischen Badbetriebe vor, zusätzliche Wachleute von einer privaten Security-Firma zu engagieren, nicht zuletzt auch im Hinblick auf die kommende Nacht, denn es stand zu befürchten, dass sensationslüsterne Idioten, die im Moment noch von der Anwesenheit der Polizisten in Schach gehalten wurden, sich im Schutz der Dunkelheit Zugang zum Bad verschaffen würden. Sein Chef lobte den Plan, rief umgehend sein Büro an und gab Anweisung, die notwendigen Schritte zu veranlassen. Währenddessen telefonierte der unentwegt schwitzende Bürgermeister in einem fort. Zunächst bat er eine ihm bekannte Fotojournalistin, die als Freelancer Aufträge von allen großen Tageszeitungen erhielt, schnellstmöglich zu kommen, um Bilder von ihm und dem Orca zu schießen. Anschließend informierte er die Chefredakteure der drei in der Region auflagestärksten Gazetten WAZ, Rheinische Post und Westdeutsche Zeitung, denen er voller Stolz mitteilte, er stehe im Lauf des Vormittags für Interviews am "Nevigeser Schwertwalbecken" zur Verfügung. Selbst in dieser eher Tatkraft verlangenden Situation noch verfolgte er vorrangig die eigene Medienpräsenz, ein eitles und in seiner Arroganz Bobby grundlegend missfallendes Gebaren, ebenso wie beide Stadtobere ganz selbstverständlich seine Bademeisterkabine als provisorische Verwaltungszentrale in Beschlag nahmen. Er hatte den kaum unbegründeten Verdacht, dass sie vor allem ihre unanfechtbare Organisationshoheit zu demonstrieren suchten, obwohl beide hinter ihrer sorgsam getragenen Maske von Kompetenz mit der Situation eher überfordert erschienen.

Ein wenig reumütig schon über die mit seinem spontan gedrehten Film in Gang gesetzten Dinge, ging er hinaus auf die Balustrade und beobachtete den Wal. Das alles blieb äußerst rätselhaft. Nach wie vor gab es keine plausible Erklärung, auf welchem Weg er hierhergekommen sein konnte. Fast war man versucht zu glauben, dass er geradewegs vom Himmel gefallen war. Aber im Gegensatz zu den Stadtvertretern, die sich in ihrer gespielten Souveränität gefielen, lag Bobby vor allem anderen das Wohl des Tieres am Herzen. Er empfand großen Respekt und eine unerklärliche Zuneigung für dieses wunderbare Wesen, welches, das stand für ihn außer Frage, doch unmöglich hier bleiben konnte. Sein natürlicher Lebensraum war der Ozean mit seinem Salzwasser, nicht die gechlorte Brühe eines städtischen Freibads. Es würde unweigerlich eingehen, wenn es nicht baldmöglich die Freiheit zurück erlangte.

In einem wahren Kraftakt ohne die geringste Pause verlangte der Tag Bobby alles ab. Fortwährend pendelte er hin und her zwischen Becken und Haupteingang, von wo er mit Rücksicht auf das Tier eine lediglich begrenzte Zahl von autorisierten Besuchern nacheinander einließ. Um jeden Preis wollte er Menschenaufläufe vermeiden, welche den Wal nur irritieren könnten. Den unvermeidlichen Protesten der in einer langen Schlange Wartenden begegnete er mit dem ihm eigenen Stoizismus und dem Hinweis auf eine Anordnung der Badverwaltung.

Um 14.00 Uhr kam sein Kollege Valentin, um ihn abzulösen. Er war Russe, gebürtig aus den weitläufigen Steppen Kasachstans, wo sich die brünftigen Hirsche mit wilden Ziegen kreuzten und die Frauen der Hirten sich in eisigen Winternächten an den Daunen lebender Gänse wärmten. Noch mit fünfundfünfzig Jahren litt er an unheilbarer Satyriasis und redete in einem fort über seine zahllosen Eroberungen von Frauen mit ausladenden Hüften. Bereits im frühreifen Alter von neun Jahren hatte er das Maultier seines Großvaters begatten wollen, das entsetzt wiehernd auskeilte und ihm durch einen gezielten Huftritt einen nicht operierten Lippenspalt verpasste. Infolge dessen lispelte Valentin kläglich, und jedes Gespräch mit ihm geriet durch die von ihm verhunzten Buchstaben zu einem Rätselraten. Bobby vermochte sich kaum vorzustellen, dass dieser selbsternannte und höchst possierliche Don Juan außerhalb seiner Fantasie Erfolge beim schönen Geschlecht vorzuweisen hatte. Auch wurde seine Weltsicht von den lügnerischen Einflüsterungen russischer Staatspropaganda getrübt: er hielt die Vereinigten Staaten von Amerika für eine Nation von Lesbierinnen, die Ukraine für einen Unterschlupf jüdischer Nazis und rügte bei jeder Gelegenheit die erbarmungswürdige Dekadenz des Westens.

- Nichfz, waf der Einmarf der ruffischen Armee nichf beheben könnte, lispelte er in voller Überzeugung.

Bobby akzeptierte ihn notgedrungen und trotz seiner verqueren Ideen, denn er legte Wert auf ein gutes Arbeitsklima. Aus diesem Grund konnte er Valentin in der jetzigen Situation unmöglich allein lassen. Er rief seine Frau Sabrina an und gab ihr zu verstehen, dass es spät werden würde. Durch das Telefon glaubte er ihren Geruch frisch erblühter Hasenglöckchen wahrzunehmen und lächelte glückselig.

Im weiteren Verlauf des Nachmittags verabschiedete sich der Bürgermeister mit dem Pomp eines gekrönten Monarchen, nachdem er allen Fernsehteams, Pressefotografen und Interviewern mit einer von Selbstgefälligkeit gespeisten Geduld zur Verfügung gestanden und immer wieder sein Bedauern über die verpasste Kindstaufe seiner Enkelin zum Ausdruck gebracht hatte. Gegen seine Überzeugung hatte Bobby ihn gewähren lassen und achtete nur darauf, dass sämtliche an diesem nichtswürdigen Schauspiel Beteiligten gebührenden Sicherheitsabstand zum Sprungturmbecken einhielten. Erst am frühen Abend begann sich die Lage allmählich zu entspannen. Auch die Menge der Schaulustigen vor dem Nebeneingang hatte sich nach und nach aufgelöst.

Um 20.00 Uhr trafen vier Mitarbeiter des vom Büro des Badleiters beauftragten Security-Unternehmens ein. Sie trugen blaue Uniformen, und zwei von ihnen führten bedenklich hechelnde Schäferhunde an Leinen, eine, wie Bobby fand, überaus sinnvolle Maßnahme. Er konnte keineswegs ausschließen, dass es im Dunkel der Nacht zu Übertrittsversuchen kam. Während Valentin mit den zwei

Hundeführern die Umzäunung abging und sie mit dem zu bewachenden Areal vertraut machte, erläuterte Bobby den beiden anderen ihre Aufgabe und wies sie in die Räumlichkeiten des Bads ein. Alle vier würden sie sich in den Nachtstunden in der Bademeisterzentrale aufhalten und im Abstand von dreißig Minuten einen Patrouillengang rund um das gesamte Gelände unternehmen. Als oberstes Gebot gab er das Wohlergehen des Orcas aus und ermahnte die Wachen, sich unter allen Umständen vom Becken fernzuhalten, um den Wal nicht unnötig zu beunruhigen. Es war bereits weit nach 21.00 Uhr, als Bobby endlich heimfuhr.

Spät abends, nach diesem nicht enden wollenden Arbeitstag von fünfzehn Stunden, saß er in dem von einer gedimmten Lampe erhellten Büro in seinem Haus, umgeben von Postern seiner Lieblingsbands, und versuchte angestrengt seine noch immer ohne Unterlass kreisenden Gedanken zu ordnen. Er konnte sich nicht erinnern, jemals einen derart turbulenten und verrückten Tag erlebt zu haben, und der morgige Tag, diese Gewissheit spürte er, würde kaum anders ablaufen. Mit Wehmut dachte er daran, dass er inmitten all der von ununterbrochener Hektik geprägten Abläufe kaum Zeit gefunden hatte, sich mehr dem Tier zu widmen. Nach Mitternacht erst ging er zu Bett, wo er in einen unruhigen, weniger als vier Stunden währenden Schlaf fand.

In der Stille der Nacht aber, als alle Vögel und selbst die nimmermüden Zikaden schwiegen unter dem Himmel aus Tinte mit seinen blass glimmenden Sternen und dem schwindenden Halbmond, ertönte tief auf dem Grund des Sprungbeckens ein seltsamer Gesang. Fremdartige und geheimnisvolle Klänge waren es, noch von keines Sterblichen Ohr jemals zuvor vernommen. Niemand hätte zu sagen vermocht, wovon er kündete, der Gesang, ob von der Trauer über den beklagenswerten Zustand der Welt oder von der schmerzlichen Einsamkeit des Geschöpfes, das ganz gegen seine Natur allein und ohne Gefährten war.

Am westlichen Horizont wanderte ein fahler Streifen langsam ostwärts, um sich dem Morgen zu vermählen in dieser kürzesten Nacht des Jahres.

Der balsamische Wind aber, der sanft die glatte Haut des Wassers wellte, hütete sich den betörenden Singsang mit sich fort zu nehmen. In einer zärtlichen Geste der Demut und erhabenen Ehrfurcht ließ er ihn unangetastet. Das Wasser hingegen nahm den Gesang auf, trug ihn in seinem blauen Herzen, wiegte ihn zärtlich auf seinen Wellen und gab ihn dennoch nicht preis, als ob es eins in seinem Wesen mit ihm wäre. Zarte Töne nur stiegen aus der Tiefe der Fluten empor und schenkten sich der alles umgarnenden Nacht, Töne als schluchzte eine Geige, als greinte das sich biegende Blatt einer Säge, als trauerte eine einsame Nachtigall, als klagten die Saiten einer von Schmerz erfüllten Zither, als fänden sich alle Stimmen des Universums vereint zu einem einzigen Requiem, zu einem klaffenden Riss in der Stille.

Doch niemand unter dem weiten Himmel war da, dem Gesang des Wals zu lauschen.

2

Im Osten begann der Himmel sich mit der barmherzigen Farbe blasser Rosen zu schmücken. Noch verharrte alles Leben in friedlicher Stille zu dieser frühen Stunde. Der Sommer verwöhnte die Sinne mit seinem barocken Duft und seinem Licht. Eine Amsel sang ein in seiner Schönheit bezauberndes Lied in den Morgen, und über den von dunklen Bäumen gesäumten Parkplatz vor dem Panoramabad flog eine Wildtaube hinweg auf das kleine Wäldchen zu. Der Schall ihres Flügelschlags erklang wie eine schwingende Sense. Von weit her drang das Gebell eines Hundes. Arkadien ist nah, dachte Bobby, als er seinen Wagen verschloss.

Auch heute betrat er seine Arbeitsstätte pünktlich um 6.00 Uhr. Die nervöse Anspannung, die seit gestern von ihm Besitz ergriffen hatte, setzte ihm unvermindert zu, und er hoffte inständig, dass der Wal wohlauf war. Wieder durchquerte er das Hallenbad auf dem Weg zur Bademeisterstation, wo die vier Wachmänner Quartier für die Nacht bezogen hatten. Bobby lauschte kurz ihrem Rapport und war erleichtert, als sie keine besonderen Vorkommnisse meldeten. Jetzt warteten sie auf Ablösung. Ihre Hunde dösten draußen im Schatten.

Er trat hinaus auf die Balustrade und schaute auf den Orca. Das Tier schwamm ruhig hin und her. In einer Fontäne, die höher als bis zum Dreimeterbrett reichte, stieß es

Atemluft aus und tauchte in einem schwungvollen Bogen ab. Kein Anzeichen deutete daraufhin, dass sich das Tier unwohl fühlte.

Langsam ging Bobby die Stufen zum Becken hinunter. Mit dem unfehlbaren Instinkt der wilden Kreatur bemerkte der Wal auf der Stelle den sich vorsichtig Nähernden. Seine Neugier schien geweckt, denn er tauchte auf und prüfte den Ankömmling mit wachen Augen. Seine schwarzweiße Zeichnung leuchtete, gebrochen von den Strahlen des ins Wasser einfallenden Morgenlichtes, in fast überirdischem Glanz. Dann gab er eine kurze Tonfolge von sich, ein Schnattern, ähnlich dem Ruf einer Ente. Fast erweckte es den Eindruck, als versuchte das Tier mit ihm zu kommunizieren.

Wie auch gestern schon warteten vor der Drehschleuse am Nebeneingang einige unermüdliche Badegäste, die wieder lautstark Zutritt forderten. Achselzuckend verwies Bobby auf die behördliche Anordnung, dass, solange der Orca sich hier aufhielt, niemand ins Bad eingelassen werden konnte.

Zeitgleich mit der Ablösung der für die Tagesschicht nur aus zwei Mann bestehenden Wachleute kam auch Bobbys Frau mit den beiden Töchtern an. Sabrina, deren erklärte Vorliebe für die Mysterien des Seins wie eine lichte Aura um sie ging, hatte vor sieben Tagen ein Silbenrätsel gelöst, in welchem das aus drei Silben bestehende, umgangssprachliche Synonym für einen Orca (*kil-ler-wal*) gefragt war, und deutete diese sie nunmehr kaum mehr verwundernde Koinzidenz als Fingerzeig des Schicksals, denn sie wusste seit jeher, dass alle Rätsel nur die Geheimnisse des Lebens verwalteten. Ihre Töchter Leni und Tilda hatten atemlos die gestrigen Berichte im Fernsehen verfolgt und ihren Vater solange bestürmt, bis er versprochen hatte, sie vor Schulbeginn ins Bad zu lassen. Mehrfach hatte er den Mädchen eingeschärft, unbedingt leise zu sein, weil kaum abzuschätzen war, wie der Orca auf plötzlichen Lärm reagierte. Er nahm sie bei der Hand und trat mit ihnen auf den vorgebauten Balkon unter das aufgespannte Sonnensegel, von wo sie aus sicherer Entfernung den besten Blick auf Sprungturm und Becken hatten. Derweil half Sabrina den Wachmännern der Nachtschicht bei der Auflösung eines Zahlenrätsels, über dem sie zum Zeitvertreib die halbe Nacht gebrütet hatten.

Ein kurzer Moment nur, als Bobby einen Anruf des sich nach dem Stand der Dinge erkundigenden Bürgermeisters entgegennahm, genügte den beiden Mädchen, um, ganz unvermittelt der väterlichen Aufsicht enthoben und alle Ermahnungen vergessend, die Treppe hinab geradewegs zum Sprungturmbecken zu laufen. Der Wal, der fast bewegungslos auf dem Wasser vor sich hin dümpelte, bemerkte sie sofort, schwamm langsam auf den Rand des Bassins zu und schob seinen riesigen Kopf auf die geflieste Umrandung. Begeistert jauchzten die Kinder auf und setzten sich neben ihn auf die Beckenkante, Leni links, Tilda rechts. Ihre kleinen Hände kraulten und streichelten das Tier, was diesem einen Laut wohligen Behagens entlockte, ein tiefes Grunzen mit dem Oberton eines hellen Glöckchens, welches den Nevigesern als der weithin schallende

Klang der alten Wallfahrtskirche vertraut war. In diesem Augenblick beendete Bobby sein Telefonat, wandte sich um und erfasste auf der Stelle die ebenso gefährliche wie anrührende Szene. Eine Sekunde lang glaubte er, sein Herz würde aussetzen. Dann eilte er entschlossen die Stufen zum Sprungturmbecken hinunter und befahl leise und in einem Tonfall, der keinen Widerspruch duldete:

- Leni, Tilda! Ihr steht jetzt ganz langsam auf und kommt her zu mir! Sofort!

Der Orca sah ihn kommen, glitt behutsam, als fürchtete er die Mädchen zu erschrecken, zurück ins Becken und tauchte ab. Bobby schloss seine Kinder fest in die Arme, unsagbar froh, dass sie der wenn auch vielleicht nur eingebildeten Gefahr entronnen waren. Fröhlich lachend erklommen sie die Treppe, um das aufregende Erlebnis unverzüglich ihrer Mutter zu berichten.

Im gleichen Moment jedoch ereignete sich etwas für Bobby gänzlich Unbegreifliches. Eben als er sich wieder dem Becken zuwandte, tauchte der Orca wie in Zeitlupe aus den Fluten hervor und schätzte mit einem gedankenschnellen Blick die Lage ab. Dann schöpfte er mit seiner prächtigen, für dieses Vorhaben leicht einwärts gebogenen Fluke einen üppigen Schwall Wassers, um denselben in einer Bewegung, die an einen punktgenauen Aufschlag beim Tennis erinnerte, auf sein etliche Meter entfernt stehendes Ziel abzufeuern. Die Attacke geschah völlig unvorhersehbar im Bruchteil einer Sekunde und ließ Bobby nicht die geringste Chance auszuweichen. Triefend in seiner ganzen Verblüffung stand er da, wie mit einem Kübel übergossen und die weiße Bademeisterkleidung bis auf die Haut durchnässt. Er schaute den Wal an. Der schwamm auf ihn zu, den Kopf über Wasser und stieß Töne aus, die kaum anders als ein Lachen zu deuten waren. Es gab keinen Zweifel: das Tier hatte sich einen Scherz mit ihm erlaubt, einen regelrechten Schelmenstreich, zu welchem andere als intelligent geltende Lebewesen wie Hunde, Krähen oder Primaten kaum jemals fähig gewesen wären.

Und als wäre dieses von einer hohen Intelligenz zeugende Verhalten des Orcas nicht bereits Grund genug für Bobbys maßlose Verwunderung, spürte er, als das Nass über seinen Kopf herabrann, den Geschmack von Salzwasser auf seinen Lippen.

Die laut Wochenplan von ihm am heutigen Tag durchzuführende Reinigung der Bodenplatten rund um die beiden Becken musste Bobby mit Rücksicht auf das Tier verschieben. Auch war es, solange der Orca sich hier befand, unmöglich, den Roboter gegen Algenbefall ins Wasser einzusetzen.

Mit einem Mal fiel ihm ein, dass der Wal seit seiner gestrigen Ankunft noch keine Nahrung zu sich genommen hatte. Mehrmals versuchte er vergeblich, den für sein Delfinarium berühmten Zoo in Duisburg telefonisch um Rat zu fragen, erreichte die Zentrale aber erst nach 8.00 Uhr. Bobby ließ sich mit dem Delfintrainer verbinden, welcher noch für den gleichen Tag sein Kommen zusagte, um das Tier zu begutachten und zu füttern.

Am Nebeneingang hatte sich wiederum ein Pulk Schaulustiger mit gezückten Handys versammelt. Die Wachleute zeigten martialisch Präsenz und hatten allem Anschein nach die Lage unter Kontrolle. Auf provokante Zurufe reagierten sie mit unbewegten Mienen. Ihre Hunde stießen manchmal ein warnendes Knurren aus, das genügte, um die aufbegehrende Meute in Schach zu halten.

Am späten Vormittag traf der Biologe von der Universität Wuppertal ein. Zwar hatte er eine Habilitation in seinem Fachgebiet über die Radula der Tiefseemollusken verfasst, war aber in höchstem Masse fasziniert von dem unglaublichen Ereignis, welches beinahe vor seiner Haustüre stattfand. Er informierte Bobby, dass obendrein ein Zoologe aus Kanada auf dem Weg sei, der eigens den weiten Flug auf sich nahm, um den Orca an diesem ungewöhnlichen Ort zu studieren. Es handelte sich um einen berühmten Experten, der eine auf einer kleinen Insel in der Hudson Bay befindliche Walbeobachtungstation leitete. Seine Route ging über Québec und Paris, und er würde vermutlich morgen eintreffen.

Der ersten und vorläufigen Einschätzung des Biologen nach, der in Bobbys Gegenwart von der oberen Terrasse aus seine Beobachtungen vornahm, war der Orca entweder ein junger, noch nicht ausgewachsener Bulle oder aber ein weibliches Tier. Es maß, wie er schätzte, nicht viel mehr als fünf Meter in der Länge. Sein kanadischer Kollege verfügte laut seiner Aussage über ein Softwareprogramm, das tausende von Schwertwalen katalogisiert hatte und jedes einzelne Tier anhand seiner Zeichnung identifizieren konnte. Dank seines Wissens würden sie vermutlich auch Aufschluss über die immer noch im Dunkeln liegende Herkunft des Orcas erhalten. Bobby war gespannt.

Eine Abordnung des Naturschutzbundes fuhr in einem Kleinbus vor, drei Männer und zwei Frauen. Lediglich zwei der fünf Personen gewährte Bobby Zutritt und berief sich einmal mehr auf den Erlass der Badverwaltung. Er verabscheute diese Form von Sensationstourismus, noch dazu unter dem bigotten Deckmäntelchen des Tierwohls, und würde solch ein selbstgerechtes Verhalten keinesfalls unterstützen. Die Vorsitzende des Vereins, deren Figur an ein Walross erinnerte, schwang in einem fort große Reden. Sie bemängelte das zu kleine Becken, die Wasserqualität, die Isolation des Tieres und generell die Zurschaustellung von Wildtieren in zoologischen Gärten, worauf Bobby sie und ihren Begleiter mit dem Hinweis hinaus komplimentierte, sie würden mit Hochdruck an einer Lösung arbeiten.

Als nächstes ließ es der Abbé des nahegelegenen Franziskanerklosters sich nicht nehmen, den Orca zu segnen. Seine braune Kutte von der Farbe ausgebleichter Rosskastanien verströmte den die Sinne benebelnden Duft von Weihrauch und Kampfer. Er trug ein Bildnis des Propheten Jonas bei sich, der im Bauch eines Wales überlebt hatte, sowie ein silbernes Aspergill mit geweihtem Wasser. Unter kryptisch gemurmelten Beschwörungen ließ er einige Tropfen des heiligen Wassers in das Sprungturmbecken fallen, wo sie laut zischten und alsbald eine dunkelrote Färbung annahmen, als wäre es Blut. Während dieses seltsamen Vorgangs tauchte der Wal ab bis auf den Grund des Beckens.

- Es ‘andelt sisch um ein unstärblischös Wesön, mutmaßte der Abbé, erschauernd in seinem religiösen Wahn. Er war gebürtig aus der Dordogne und sprach mit französischem Akzent.
- Was sagt Ihnen das? wollte Bobby wissen, der die geistige Gesundheit des Braunrocks bezweifelte, dem es jedoch gleichermaßen fern lag, übergeordnete Wahrheiten anzufechten.
- Seine Gägönwahrt fährwandölt Wassöhr in das Blut Christi, antwortete der Mönch mit aschfahlem Gesicht und hastete zurück in die Kirche, um der mildtätigen Madonna ein Licht anzuzünden.

Bobby sah, während sich der Abbé eiligen Schrittes entfernte, wie, angelockt vom penetranten Duft des Kampfers, eine Wolke aus grünen Florfliegen um sein schütteres Haupt taumelte.

Wenig später begehrten zwei Journalisten von regionalen, sich durch Werbung finanzierenden Gratisblättern eine Titelstory für die am Samstag erscheinenden Ausgaben. Beide hatten eine Altbierfahne, die im gnadenlosen Mittagslicht vor ihren Mündern bernsteinfarben leuchtete, und schwitzten in der tropischen Hitze um die Wette. Sie fotografierten den Wal aus mehreren Perspektiven und tippten auf den Stufen hockend ihre bierseligen Artikel in die Laptops auf ihren Knien.

Als dann Valentin gut gelaunt zur Nachmittagsschicht eintraf, entschloss sich Bobby auch heute zum Bleiben. Es war eine beinahe surreale Situation: zwei Bademeister, zwei Männer vom Sicherheitspersonal, zwei Hunde und ein Orca in einem verwaisten, für den Publikumsverkehr geschlossenen Freibad. Und niemand konnte vorhersagen, wie lange dieser Zustand andauern würde.

Eine von Valentin mitgebrachte Tageszeitung zeigte auf der Titelseite ein Foto, auf dem der Wal hoch in der Luft über dem Becken vor dem Sprungturm zu fliegen schien, darüber die fett gedruckte Schlagzeile *Orca im Panoramabad.* Bobby überflog den Artikel nur kurz, ihm stand der Sinn nicht nach den banalen Ergüssen der schnelllebigen Regenbogenpresse. In seinen Gedanken ging er die verschiedenen Möglichkeiten zum Transport des Tieres durch. Er hegte die Hoffnung, dass der Zoo Duisburg Rat wusste. Dort hatte man langjährige Erfahrung mit dem Versand der zwar deutlich kleineren Delfine, doch vielleicht ließ sich das auf einen Orca übertragen. Ein Kran, ein Tieflader mit einem ausreichend großen Becken, ein Cargoflugzeug – Bobby hatte nur eine vage Vorstellung, wie genau das ablaufen würde. In jedem Fall musste der Wal, um ihm jegliche Aufregung zu ersparen, für den Transport sediert werden.

Bei der Ankunft des von ihm sehnsüchtig erwarteten Delfintrainers, einem stark bemuskelten Israeli mit dem alttestamentarischen Namen Josua und der Körperbehaarung eines Schwarzbären, zeigte der Wal keinerlei Interesse an der auf Bobbys Bitte hin eingeleiteten Fütterung, was ihn nicht minder verwunderte als den Trainer. Die blauen Tümmler in seinem Delfinarium, erläuterte Josua jovial, würden für eine aus Lachs und Zackenbarschen bestehende Mahlzeit wahlweise Männchen machen, auf ihren Schwanzflossen übers Wasser tanzen, durch Reifen springen und katzbuckelnd die englische Nationalhymne pfeifen. Zu zweit fischten sie schließlich mit langstieligen Keschern die vom Zoo Duisburg zur Verfügung gestellte Nahrung wieder aus dem Becken, nachdem der Orca sie einfach ignoriert hatte. Der Trainer besah sich den Wal eine ganze Weile und äußerte anhand seines Verhaltens die Überzeugung, es handelte sich um kein in Gefangenschaft lebendes Tier. Eine Erklärung jedoch, wie es hierhergekommen sein konnte, vermochte auch er nicht zu geben.

Immerhin hinterließ er die Kontaktdaten einer auf Tiertransporte spezialisierten Spedition. Bobby würde sie an den Leiter der Badbetriebe weitersenden, dessen Büro dann den Abtransport des Wales veranlassen sollte.

Es wurde wieder spät an diesem Abend, bevor er das Freibad verließ und den Orca für die Nacht der Aufsicht der vier Wachmänner und ihrer Hunde überantwortete. Mehr als zuvor hungerte er nach letzten Erkenntnissen, nahm jedoch nur Träume von bizarrer Schönheit mit heim.

In einem dieser Träume in seinem abermals nur kurzen Schlaf sah Bobby, wie er, während er auf dem Orca durch die eisblauen Fluten ritt, seinen Wunschring drehte und sich und das Tier auf den Wellen der Translokation an die Küste von Nova Scotia versetzte. Dann katapultierte ihn ein erschöpfter Schnarchlaut seiner verzweifelten Atmung zurück in die tropische Nacht, wo er wach lag in einer Mulde der Ungewissheit und seine Gedanken hütete, welche ihm wie eine Herde wilder Mustangs auszubrechen drohten. Übermüdet begann er die durch das Dachfenster hereinscheinenden Sterne zu zählen, bis die einsetzende Dämmerung sie erbleichen ließ.

3

Früh am dritten Morgen, nur einige wenige Minuten nach Bobbys Eintreffen, stattete der Biologe von der Wuppertaler Universität dem Bad einen zweiten Besuch ab. In seiner Begleitung befand sich der von ihm am Vortag angekündigte kanadische Walforscher, der mit der ersten Maschine am Flughafen Düsseldorf gelandet war. Bobby hatte soeben die Wachleute der Nachtschicht entlassen, als die beiden von draußen ihre Ankunft meldeten. Neugierig empfing er sie am Haupteingang und ging durch das Hallenbad voraus auf die Balustrade. Der Kanadier, ein leutseliger Mann mit einer von einem Ahornblatt gezierten Baseballkappe und einem bis auf die Brust reichenden, lohfarbenen Bart, zog einen Aluminium-Rollkoffer nach, in welchem sich, wie Bobby dann sah, unter anderem ein Mikrofon, ein Lautsprecher und eine Kamera befanden, alle für den Einsatz unter Wasser gedacht und drahtlos verbunden mit einem Laptop, von welchem der Wissenschaftler sie steuern konnte.

Nach kurzer Vorbereitung ließ er in drei der vier Ecken des Sprungturmbeckens die Geräte zu Wasser. Die Kamera sollte anhand der bei jedem Tier unterschiedlichen Zeichnung dessen Identifikation ermöglichen. Ebenso leitete das Mikrofon seine Laute an den Laptop weiter, wo sie aufgezeichnet und mit denen anderer Orcas verglichen wurden. Über den Lautsprecher schließlich gelangten die Töne von Artgenossen ins Becken, was den Wal zur

Kommunikation anregen sollte, um ihn vielleicht auf diese Weise einem Familienverband zuordnen zu können. Bobby erfuhr, dass Schwertwale in großen Herden, Schulen genannt, von älteren und jüngeren Tieren leben und dass jede dieser lebenslang einander verbundenen Populationen einen eigenen Dialekt der Verständigung besaß. Je nach Region wies dieser deutlich erkennbare Abweichungen auf. Die Orcas im Polarmeer kommunizierten in einer anderen Sprache als die im nördlichen Atlantik oder die vor der norwegischen Küste.

Nach mehr als zwei Stunden der Aufzeichnung jedoch, sowohl von Tönen wie auch von Bildern aus dem Becken, schienen alle bis dahin vorliegenden Ergebnisse den Walforscher zu ernüchtern. In keinem der weltweit kursierenden Verzeichnisse war das Tier gelistet, und seine Identität und seine Herkunft blieben immer noch überaus rätselhaft. Weder die spezifische Eigenart seiner schwarzweißen Zeichnung noch sein Dialekt ließen sich zu einer eindeutigen Klassifizierung zurückverfolgen. Auch gehörte es mit Sicherheit nicht zu der Handvoll der in Vergnügungsparks in Gefangenschaft gehaltenen Orcas. Noch im Verlauf des Vormittags packte der Kanadier kopfschüttelnd seine Gerätschaften wieder in den Koffer und verabschiedete sich, begleitet von seinem Wuppertaler Kollegen, mit allen Anzeichen der Enttäuschung von Bobby.

- This is truly a mystery, sagte er und überreichte ihm seine Visitenkarte mit der Bitte, ihn über die weitere Entwicklung zu informieren.

Nur zu gern hätte Bobby über einen eindeutigen Hinweis verfügt, um dem scheinbar unerforschlichen Geheimnis des Orcas auf die Spur zu kommen. Nach dem wenig ermutigenden Abgang des Walforschers befand er sich wiederum allein im Bad mit den zwei Wachmännern der Tagesschicht, ihren Hunden und dem Wal. Die Sonne stand hoch im Zenit, gelb wie ein Dotter. Es war brütend heiß, und er fragte sich, ob diese Temperatur für ein die Kälte der Nordmeere gewohntes Tier erträglich war. Immer noch hatte der Orca nicht gefressen. Die kaum passenden äußeren Bedingungen bereiteten Bobby zunehmend Sorge um sein Wohlergehen.

Er stieg die Treppe hinab, setzte sich, stets einigen Abstand zum Sprungturmbecken haltend, auf die unterste Stufe und beobachtete das Tier. Obwohl es sich bisher nicht aggressiv gezeigt hatte, war er auf der Hut, ebenso wie er es keinesfalls irritieren wollte. Wieder bemerkte der Wal sofort seine Anwesenheit. Er tauchte hinab bis zum Grund des Beckens, stieß sich von dort ab, schnellte, einem Flugkörper mit Raketenantrieb gleich, aufwärts und schoss senkrecht aus dem Wasser, den Kopf im Sprung hoch über das Fünfmeterbrett streckend. Auf dem Scheitelpunkt der nur einen Wimpernschlag währenden Schwerelosigkeit vollführte er einen virtuosen, eineinhalbfachen Salto, der in den Lüften um ihn herum kleine Elmsfeuer entflammte, und tauchte dann kopfüber wieder ins Becken. Hoch spritzte das Wasser auf. Bobby hätte jeden Eid geschworen, dass der Orca ihm bei diesem kühnen Flugmanöver unentwegt in die Augen geschaut hatte.

Ohnehin war er maßlos fasziniert von der Schönheit, der Kraft und der unverkennbaren Intelligenz des Tieres. Der heutige Morgen ließ sich ruhiger an als die beiden vergangenen Tage. Wie im Zeitraffer hatte sich die Sensation abgekühlt, der anfangs nicht abreißende Ansturm der Telefonate und die Horden der Schaulustigen blieben ebenso aus wie der Besucherstrom, und durch die Anwesenheit des Wals war Bobby seiner täglichen Aufgaben vorläufig entbunden. Weder musste er den Badbetrieb beaufsichtigen noch konnte er die routinemäßigen Reinigungsarbeiten durchführen. Nach all den Turbulenzen der beiden vergangenen Tage fand er endlich ein wenig Zeit, um nichts zu tun als nur im Schatten unter dem aufgespannten Sonnensegel zu sitzen und den Orca zu beobachten. Es war ein überwältigend feierliches Gefühl, hier bei diesem in all seiner Majestät so wundervollen Geschöpf sein zu dürfen. Lange saß er dort, in Gedanken versunken und mit laut klopfendem Herzen.

Gegen Mittag erreichte ihn ein Anruf von Valentin, der ihm in malade klingenden Tonfall mitteilte, er sei krank und könne nicht kommen. Bobby kannte das schon. Sein Kollege täuschte in schöner Regelmäßigkeit und mit lediglich bescheidenem Schauspieltalent Unwohlsein vor, um von daheim aus ungestört endlos lange Videotelefonate mit blutjungen thailändischen Huren zu führen. Valentin schickte ihnen vorab Geld, und dafür taten sie vor der Kamera ohne Tabus alles, was er von ihnen zu sehen begehrte. Wenn man, was jedermann bezweifelte, seinen Aufschneidereien Glauben schenken durfte, dann genoss er bei seinen jährlichen Urlauben in Bangkok und Phuket den Ruf eines unermüdlichen Casanovas, dessen erotischer Erfindungsreichtum selbst das Kamasutra wie einen von den Piusbrüdern erstellten Leitfaden zur Heiligsprechung aussehen ließ.

Für Bobby bedeutete Valentins Krankmeldung, dass er seine Schicht übernehmen und abermals bis zum Abend im Bad bleiben musste, doch es machte ihm nichts aus. Ohnehin lag das Krisenmanagement ganz in seinen Händen. Weder der Bürgermeister noch der Leiter der Badbetriebe hatten es für nötig erachtet, das Schwimmbad in Anbetracht der außergewöhnlichen Situation ein zweites Mal mit ihrer kostbaren Gegenwart zu beehren. In den Nächten zuvor hatte es keine ungewöhnlichen Vorfälle gegeben, so entschied Bobby zudem, immer auch das Budget der Stadtkasse vor Augen, den nächtlichen Wachdienst von vier auf zwei Personen zu reduzieren.

Einen Großteil des Tages verbrachte er auf den Stufen am Sprungturmbecken sitzend, im Schoß beglückender Kontemplation wie in einem heilsamen Quell inneren Friedens. Ohne Gefühl für die verrinnende Zeit, Auge in Auge mit der Ewigkeit, saß er so und blieb auch noch, als in der Ferne das Angelusläuten von Sankt-Maria-Empfängnis längst verstummt war. Inmitten der abendlichen Stille glaubte er, gespielt von unhörbaren Instrumenten, klar und deutlich die Melodie des Seins zu vernehmen. Seine Gedanken schweiften hierhin und dorthin. Immer noch erfüllte es ihn mit seltsam sehnsüchtiger Freude, in der Nähe dieses Geschöpfes sein zu dürfen. Aber zur gleichen Zeit wuchsen auch seine Sorgen, weil der Wal zu seinem eigenen Wohl unmöglich bleiben konnte.

Spät erst, als die gnädige Dunkelheit sich behutsam über das Land zu senken begann wie ein die schmerzenden Wunden der Welt bedeckendes Grabtuch, fuhr Bobby gedankenverloren heim.

4

Es schien alles wie immer zu sein an diesem Morgen, aber schon als Bobby den Parkplatz überquerte, flüsterte seine Intuition ihm ein, etwas war anders heute. Der vierte Tag seit Ankunft des Orcas begann. Die bukolische Stille barg Myriaden Geheimnisse. Kein noch so laues Lüftchen wehte, die Vögel weigerten sich, eine Morgensinfonie anzustimmen, und vor dem azurblauen Himmel verharrten weiß gebauschte Wolken regungslos in bizarrer Formation, als hätte man sie ans Firmament genagelt. Die Erdachse bot, ermächtigt von kosmischem Gesetz, zuverlässigen Halt für den unentwegt sich drehenden Planeten, doch die Zeit, die eilende Zeit war nur eine subjektive Kategorie der reinen Anschauung und als solche nicht existent.

Ein erster und kaum zu missdeutender Hinweis des unwägbaren Schicksals erwartete ihn in der Kabine für die Bademeister. Dort stand kalter Tabaksqualm dick wie ein biblische Plagen ankündender Nebel, der sich mit den Aromen von getrockneten Feigen und Lakritz in seine Nasengänge bohrte. Die beiden Wachleute hockten, gegen die Nachtkühle eingehüllt in die reflektierende Folie goldener Rettungsdecken, zusammengesunken auf ihren Stühlen und schnarchten laut. Auf dem Boden lagen zwei leere Flaschen polnischen Wodkas, daneben eine Wasserpfeife, in welcher der Tabak noch glomm, und die zerknüllten Überbleibsel einer von Fett triefenden Essenslieferung.

Ihre Schäferhunde strichen getrieben von Hunger ruhelos auf der Balustrade umher.

Bobby, der gesegnet war mit der unerschütterlichen Gelassenheit eines im entstofflichten Nirwana schwebenden Buddha-Jüngers, spürte mit einem Male, wie unbändiger Zorn sich seiner bemächtigte. Diese liederlichen Gesellen verschliefen ihren Dienst anstatt zu wachen und hatten obendrein dem Dämon des wahnwitzige Fieberfantasien entfachenden Kartoffelschnapses gehuldigt. Ein solcher Saustall musste auf der Stelle ausgemistet werden.

Empört klatschte er dreimal schallend in die Hände.

- Aufgewacht, Lotterbuben! rief er aus, denn er hatte vor kurzem auf der Bühne eine Burleske über das Mittelalter gesehen, in dem ein Ritter genau diese Worte gebrauchte.

Nichts tat sich. Allein ihr donnerndes Schnarchen verriet, dass dieser Schlaf nicht bereits in den allumfassenden Armen des dankbaren Todes stattfand. Bobby begriff, hier waren härtere Maßnahmen gefragt. Er verpasste den beiden einige kräftige Ohrfeigen rechts und links, worauf sie müde blinzelten und sich allmählich anschickten, aus den Tiefen des Suffs aufzutauchen.

- Ich will, dass ihr sofort euren Müll zusammenpackt und verschwindet! Und lasst euch hier nie wieder blicken, habt ihr das verstanden? herrschte Bobby die ihn aus ihren vom Wodka verblödeten Mienen entgeistert Anstarrenden an.

Erst nachdem er, immer noch voller Zorn über die Vernachlässigung ihrer Pflichten, den Abzug der Wachleute begleitet hatte, fiel ihm ein, dass er heute nicht wie üblich als erstes nach dem Orca gesehen hatte. Er machte kehrt, ging durch das leere Hallenbad geradewegs hinaus auf die Balustrade und hielt Ausschau nach ihm. Das Becken unter dem Sprungturm lag ruhig in der Morgensonne, nur der leicht aufkommende Wind kräuselte die Oberfläche des Wassers. Von seinem Standpunkt aus erblickte Bobby den Orca nicht, das Tier schien in der Tiefe des Beckens zu schlafen. Einem unbestimmten Impuls folgend stieg er die Stufen hinab und beugte sich forschend über den Rand des Beckens.

Nichts. Nur Wasser. Kein Orca. Der Wal war fort.

Im ersten Moment erschrak Bobby. Dann griff eine ihn mit aller Macht überwältigende Traurigkeit nach seinem Herzen, aber gleichzeitig verfestigte sich auch die Einsicht in ihm, dass persönliche Sentimentalitäten unangebracht waren. Schließlich spürte er nichts als allein freudige Erleichterung, dass der Wal nicht länger ein beengtes und seiner unwürdiges Dasein fristen musste.

An diesem Morgen fand er sich ganz allein im Bad, kein Mensch, kein Tier um ihn herum. Mit aller Macht stürmten seine Gedanken und Gefühle auf ihn ein, und mehr als zuvor schien es für alle Zeit unmöglich, das Mysterium des Orcas zu ergründen. Ohne Augenzeugen, heimlich und leise in der Nacht, war seine Ankunft vonstattengegangen, hatte nicht den geringsten Anhaltspunkt für eine Deutung gegeben, und ebenso unbemerkt hatte sich auch sein Abgang in aller Stille ereignet. Niemand würde jemals in der Lage sein, eine begründete Erklärung über sein Woher und sein Wohin oder gar über den Sinn seiner Anwesenheit zu geben. Er war, eine strahlende Allegorie des Seins, aus dem Nichts aufgetaucht, und jetzt war er fort, ganz so als hätte er sich zurück in das Nichts aufgelöst.

Eine Elster, schwarzweiß glänzend das Gefieder, saß auf der obersten Plattform des Sprungturmes und schaute wachsam umher. Dann flog sie auf und stieg hoch hinein in den endlosen Himmel.

Auf dem Tisch in der Bademeisterkabine lag noch die von Valentin vor zwei Tagen mitgebrachte Tageszeitung. Der halbseitige Titel hatte den Orca im Sprung vor dem Fünfmeterturm des Panoramabades abgebildet, hoch in der Luft schwebend und scheinbar befreit von aller Schwerkraft. Als Bobby jedoch die Zeitung aufschlug, war kein Wal mehr auf dem Foto zu sehen; es zeigte allein das Sprungbecken mit dem hinter ihm aufragenden Turm. Abermals hätte seine Überraschung kaum größer sein können. Die Verkettung überaus seltsamer, alle menschliche Weisheit übersteigender Dinge kannte kein Ende. Bobby untersuchte das Titelblatt, doch fand er keinerlei Anzeichen für eine Fremdeinwirkung, dass vielleicht die im Bad herrschende Feuchtigkeit die Druckerschwärze verwischt hatte. Es schien, als ob das Tier sich aus dem Bild entmaterialisiert hätte, eine Luftspiegelung, ein Spuk, ein Schabernack des Schicksals, als hätte eine Macht, die sich nicht in die Karten schauen ließ, das hier an diesem Ort Geschehene und zweifelsfrei Dokumentierte zurückgenommen und kurzerhand ungeschehen gemacht.

Und um die allgemein zunehmende Verwirrung ganz auf die Spitze zu treiben, stellte sich nach und nach heraus, dass der Orca auf keinem einzigen der zahlreich von ihm aufgenommenen Fotos mehr zu sehen war, ebenso wie er nicht länger in einem der hier von ihm gedrehten Filme auftauchte. Wie von Zauberhand blieben alle seine Spuren getilgt. Er war ganz einfach verschwunden. Es hatte den Anschein, als hätte es ihn niemals gegeben.

Selbst Bobby konstatierte an sich eine wachsende Verunsicherung, ob er seiner Erinnerung vorbehaltlos trauen durfte, doch eben als auch er sich, zwar widerstrebend noch, der Überzeugung hingeben wollte, dass die Begegnung mit dem Orca sich nur in seinen vom drückend schwülen Sommer angeheizten Fieberträumen abgespielt hatte, stieß er am Ende der Freibadsaison eines Tages überraschend auf ein Foto, das er in der Galerie der auf seinem Telefon gespeicherten Bilder entdeckte. In ungläubigem Staunen starrte er auf das Bild. Es zeigte seine Töchter, die auf der gefliesten Umrandung des Sprungturmbeckens saßen und glückselig lachend den zwischen ihnen aus dem Wasser ragenden Kopf des Orcas einrahmten.

Dieser Fund grenzte nicht nur an ein Wunder, es war schlichtweg unmöglich, dass sich dieses Foto in seiner Bildergalerie befand. Mit absoluter Sicherheit konnte Bobby beschwören, dieses Bild niemals aufgenommen zu haben. Er würde sich daran erinnern. Doch jetzt tauchte es völlig unverhofft und gegen alle Wahrscheinlichkeit hier auf und gab ein weiteres schier unlösbares Rätsel um das geheimnisvolle Wesen noch in dem Augenblick auf, als die unermessliche Gnade seiner Anwesenheit schon fast in Vergessenheit zu geraten drohte.

Und wie alles vom menschlichen Verstand kaum zu erfassende Geschehen um den Orca barg auch dieses niemals von einer Kamera fotografierte Bild ein ewiges Mysterium von geradezu alttestamentarischer Wucht, das niemals zu entschlüsseln sein würde. Zugleich aber war es auch der unwiderlegliche, von nichts und niemand zu erschütternde Beweis seiner für alle Zeit von der Ewigkeit verbrieften Existenz.

Bobby schaute auf die große Zeitanzeige über der Bademeisterzentrale. Sie zeigte 6.27 Uhr. Langsam ging er hinunter zum Nebeneingang, entriegelte die Drehschleuse mit dem Hauptschlüssel und öffnete das Bad für die Besucher.

Der perfekte Mord

1

Kettwig im Sturm, Kyoto im Schnee

Pünktlich wie von der Wettervorhersage angekündigt tobte der Orkan um ihr Dachgeschoss. Es war nach den Ylenia und Zeynep getauften Stürmen der dritte innerhalb von fünf Tagen, dieses Mal benannt nach einer Antonia. In den 90er Jahren hatte sich, aus Amerika herüber schwappend, auch in Europa die ihrer Meinung nach hirnrissige Angewohnheit ausgebreitet, ein meteorologisches Tief mit weiblichen Namen zu etikettieren. Natürlich dauerte es nicht lange, bevor militante Feministinnen solch unzumutbare Diskriminierung anprangerten und sich mit ihrer von lange aufgestauter Wut eingegebenen Forderung, zukünftig Hochs mit weiblichen und Tiefs mit männlichen Namen auszustatten, tatsächlich durchsetzten. Dieser absurde Geschlechterkampf hatte erst ein versöhnliches Ende gefunden, seitdem Wetterpaten aufkommende Wetterumschwünge kaufen und nach ihrem Wunsch benennen konnten, für den Preis von bestens angelegten zweihundertfünfzig Euro ein echtes Schnäppchen.

Christina Niemann schaute aus dem Panorama-Fenster des Büros auf die unterhalb ihres Apartments schwankenden Wipfel am Ufer des Kettwiger Stausees. Heftige Böen schüttelten die Zweige. Das Wasser schlug in hohen Wellen bis auf die Promenade und leckte in Pfützen um die gescheckten Stämme der Platanen. Sie erinnerte sich an die Flutkatastrophe im Sommer des Jahres 2021, als hier der gesamte Uferbereich unter Wasser stand. Zum Glück befand sich ihre Wohnung im dritten Obergeschoss und war vor Hochwasser geschützt, aber diese rasch aufeinander folgenden Stürme ließen in ihr stets ein mulmiges Gefühl aufkommen.

Sie rührte ein wenig Sahne in ihren frisch aufgebrühten Matcha. Eine derart beängstigende Wetterlage hatte ihr gerade noch gefehlt. Es gab diese Tage, da wusste man bereits vor dem Aufstehen, heute würde alles schief gehen. Seit einer Woche litt sie an dieser hartnäckigen Verstopfung, die sie selbst mit einer täglich gesteigerten Dosis Abführmittel nicht in den Griff bekam. Die Hitzewallungen ihrer Wechseljahre machten sie schier wahnsinnig, es schien, als ob sie in immer kürzeren Abständen über sie hereinbrachen. Christina schwitzte wie Hochleistungsrennpferd. Zu allem Überfluss hatte ihr Hausarzt vor kurzem Herzrhythmusstörungen diagnostiziert und die Empfehlung ausgesprochen, jeglichen Alkoholkonsum zu meiden. Und dann breitete sich diese allergische Rötung, fast schon ein ausgewachsenes Ekzem, auf ihrem Venushügel aus. Sie nahm an, dass sie auf den in ihren Damenrasierer integrierten Spender mit Aloe Vera reagierte, man hörte allenthalben von Unverträglichkeiten.

Zum Glück hatte der Verlag sie auf dem Höhepunkt der Omikron-Welle ins *home office* verbannt, eine Maßnahme, die sie in ihrer momentan mental und physisch angeschlagenen Verfassung ausdrücklich begrüßte. Sie hätte nur schwer ertragen, an jedem Arbeitstag ihrem geschiedenen Mann in den Verlagsräumen in Essen-Holsterhausen über den Weg zu laufen. Reinhold Niemann war Gesellschafter und leitender Geschäftsführer des Kobold-Verlages. Er hatte, um ihren Unterhaltsforderungen nicht nachkommen zu müssen, sie kurzerhand als Cheflektorin im Fachbereich Belletristik eingestellt und ihr ein üppiges Monatssalär zugeschanzt, ein überaus cleverer Schachzug mit dem vorrangigen Ziel seine Privatkasse zu verschonen. Christinas Dankbarkeit hielt sich in Grenzen, denn bisher hatte ihr Stolz nicht verwunden, dass Reinhold sie nach fast fünfundzwanzig Ehejahren wegen dieser kleinen Sekretärin verlassen hatte, deren stark limitierte Vorzüge vermutlich nicht auf dem Gebiet der Computer-Korrespondenz oder beim Kaffeekochen zu Tage traten. Sie hasste ihren Ex-Mann ebenso wie sie ihn verachtete, weil er seine verspätete *midlife crisis* auf eine derart erbärmliche Weise anging. Seine blonde Schlampe von Lebensgefährtin dagegen hatte den Schnitt ihres Lebens gemacht, als sie sich mit gerade einmal siebenundzwanzig Jahren den Chef geangelt hatte.

Christina fuhr ihren Laptop hoch. Ihr dröhnte der Kopf vom gestrigen Rotweinexzess. In letzter Zeit trank sie einfach zu viel, trotz der ihrer Herzfrequenz geltenden ärztlichen Ermahnung. Von den in ihrer Ehe mit Reinhold so geschätzten Grand Crus des Bordeaux, vorzugsweise aus dem Pomerol oder Saint-Estephe, hatte sie sich aus finanziellen Erwägungen schweren Herzens verabschieden müssen und nahm heute vorlieb mit eher minderwertigen

Tropfen aus Chile oder den bei der Reifung in Plastiktanks durch Holzchips aufgemotzten Weinen aus dem Napa Valley. Eine ganze Flasche eines solchen Rotweins bedeutete unweigerlich einen veritablen Kater am nächsten Tag. Mit der Linken massierte sie Stirn und Schläfen, doch der Druck blieb, als presste ein eng anliegender Reif ihren Schädel zusammen.

Widerwillig öffnete sie den Ordner mit eingesandten Romanmanuskripten, eine Lawine unerledigter und längst überfälliger Sichtungen. Den Posten als Lektorin für Belletristik hatte sie ganz kurzfristig vor drei Wochen erst übernommen, weil der bisherige Lektor es für nötig hielt, sich von der im Süden von Mülheim-Menden über das Ruhrtal führenden Autobahnbrücke zu stürzen. Und jetzt sah sich Christina inmitten der nicht abreißenden Flut täglich eingehender Manuskripte obendrein mit der kaum zu bewältigenden Mammutaufgabe betraut, die unter ihrem Vorgänger angehäuften Projekte zu beurteilen.

Das literarische Profil des Kobold-Verlages genoss sowohl bei Kritik wie auch bei Publikum allerhöchstes Ansehen, unzweifelhaft das Verdienst des langjährigen Lektors Holm Schmidt. Er hatte mit sicherer Hand das Verlagsprogramm gestaltet, hatte durch umsatzstarke Autoren für die Geschäftsführung erfreuliche Bilanzen erzielt wie gleichzeitig auch vielversprechende Debütanten integriert und behutsam aufgebaut, eine gesunde Mischung, deren oberstes Credo immer nur die Qualität jedes einzelnen Buches im Blick hatte.

Dem zukünftig allein ihrem Ermessen obliegenden Verlagsprogramm gedachte Christina durchaus ihren eigenen Stempel aufzuprägen. Sie wollte keinesfalls nur die fortführende Wasserträgerin ihres Vorgängers sein, selbst wenn Holm Schmidt als Erfolgsgarant und leuchtender Doyen seines Metiers gegolten hatte. Sie war erfüllt vom brennenden Ehrgeiz, sich eine eigene unverwechselbare Reputation zu erwerben.

Der Ordner mit Romanmanuskripten enthielt zwei Unterordner mit den Bezeichnungen *Ablehnen* und *Projekte*. Sie klickte auf den ersten Unterordner und sah, wie sich eine endlos lange Liste der auf Publikation hoffenden Einsendungen auftat. Offenbar hatte ihr Vorgänger bei der Bearbeitung der Absagen doch arg die Zügel schleifen lassen, geschuldet vielleicht seiner wachsenden manischen Depression. Christina scrollte wahllos die aufgeführten Dateien hinunter, bevor sie von Neugier erfasst einen Ordner öffnete, der, gespeichert unter dem Namen der Autorin, drei pdf-Dateien von Vita, Exposé und Textprobe enthielt. Ein Klick auf die Textprobe zeigte ihr unter dem Autorennamen den Titel an: Dora Tintelnot *Eine Sommerliebe in Cornwall*. Die ersten drei Sätze genügten bereits, um Christinas Ekelschwelle zu aktivieren. Der beigefügten Vita entnahm sie fassungslos, dass die Dame Tintelnot eine schriftstellernde Hausfrau auf den Spuren der von ihr heiß verehrten Rosamunde Pilcher war und nunmehr in sich den unbezähmbaren Drang verspürte, die Welt mit ihren eigenen Geschichten zu beglücken. Der nächste Kandidat in der Liste entpuppte sich als pensionierter Oberstudienrat, der sein Hobby Fliegenfischen unverdrossen zum

Anlass nahm, sich haarsträubende Angelkrimis aus den Fingern zu saugen. Die Auflistung seiner bisherigen Werke umfasste solch illustre Titel wie *Tote Fische beißen nicht*, *Köder für einen Killerwels* und *Mordbuben sprechen kein Anglerlatein*, samt und sonders erschienen im Selbstverlag.

Angewidert von so viel Dilettantismus, der sich erdreistete, ihr als Cheflektorin eines bedeutenden Literatur-Verlages derartige Machwerke zur Prüfung zuzumuten, beschloss Christina, den gesamten Ordner *Ablehnen* auf der Stelle zu löschen, ohne den Absendern eigens einen negativen Bescheid zukommen zu lassen. Sie würde sich ihre kostbare Zeit nicht stehlen lassen, um überflüssiger Bürokratie nachzuhängen.

Der Druck in ihrem Kopf ließ nicht nach. Im Medizinschränkchen im Bad mussten noch Kopfschmerztabletten sein, vielleicht sollte sie ein Aspirin nehmen, um diesen leidigen Arbeitstag irgendwie zu überstehen. Sie hatte das Gefühl, als würde der draußen tosende Orkan sich auch in ihrem Inneren ausbreiten.

Eine halbe Stunde später stand Christina am Fenster, den aufgewühlten Stausee zu ihren Füßen. Schäumend brachen die Fluten sich ihren Weg über das Wehr. Die Ruhr führte bedenklich viel Wasser mit sich, die den Fluss überspannende Brücke war verlassen, weder Fußgänger noch Autos wagten sich bei einem Sturm dieser Stärke aus der Sicherheit ihrer vier Wände.

Die Tablette hatte keinerlei Besserung gebracht. Christina trank die dritte Tasse Matcha. Eigentlich verabscheute sie dieses belanglose Gesöff, aber unter ihren Verlagskollegen war es gerade als Gipfel der Hipness angesagt, und sie wollte sich dem allgemeinen Trend nicht verschließen. Ein anhaltendes Rumoren in ihren Gedärmen erweckte kurzzeitig die Hoffnung in ihr, dass sich endlich ihre Verdauung in Gang setzte. Ihr Bauch fühlte sich an wie Stein. Abermals ging sie hinüber ins Bad und hockte sich auf die Toilette. Nach zehn qualvollen Minuten gab sie resigniert auf.

Aus dem Spiegel über dem Waschbecken schaute Christina eine Frau ohne Illusionen entgegen, gebeutelt von Enttäuschungen, vom Alter, vom Leben. Sie war immer noch schlank, mit, wie sie fand, akzeptablen Brüsten und lediglich einem kleinen Vorbau in der Körpermitte, den Reinhold halb spaßig, halb despektierlich ihren Weiberbauch genannt hatte, ausgerechnet er, der in seiner männlichen Herrlichkeit stolz die pralle Halbkugel eines von Rotwein und Gourmandise genährten Wohlstandsgebirges vor sich hertrug.

Zurück am Laptop öffnete sie den von Holm Schmidt angelegten und von ihm mit *Projekte* betitelten Ordner, der lediglich Manuskripte von zwei Autoren enthielt. Sie atmete auf. Wenigstens hier erwartete sie keine zeitraubende Arbeit. Das erste Manuskript hatte Schmidt zwischen dem Zeilenabstand der Normseiten mit zahlreichen rot markierten Kommentaren versehen, die Verbesserungsvorschläge und gelegentlich auch nur kritische Anmerkungen formulierten. Christina schaute sich die Biographie des Verfassers an und stellte fest, dass es sich bei diesem Manuskript um ein Erstlingswerk handelte, etwas das ihrer

Erfahrung nach immer ein Risiko für den Verlag barg. Es bedurfte oft nicht allein geballten Durchhaltevermögens, sondern ebenso eines erheblichen finanziellen Aufwands, um einen neuen Autor am Markt zu etablieren, und der Erfolg war keinesfalls garantiert. Sie rief die im Mailprogramm gespeicherte Standardabsage für Einsendungen auf, welche Bedauern und zugleich gutes Gelingen an anderer Stelle artikulierte, fügte den Namen des Autors ein und schickte sie postwendend ab.

Die zweite Datei bestand neben den üblichen Bewerbungsunterlagen aus einem Vorvertrag, den Holm Schmidt noch aufgesetzt, aber nicht abgesandt hatte. Es schien ihm durchaus ernst gewesen zu sein, diesen Roman zu veröffentlichen. Christina schaute sich die Vita des Autors an. Sein Name war Marvin Winkler, er hatte bereits sechs Bücher vorzuweisen, allerdings bei anderen Verlagen. Sein aktuelles Projekt trug den Titel *Kyoto im Schnee* und umfasste knapp dreihundert Seiten, einen für die Marktchancen eines Romans optimalen Umfang.

Eine Windböe drückte mit aller Macht gegen die nach Westen zur Ruhr hin gelegene Fensterscheibe. Das ganze Dachgeschoss wurde für zwei, drei Sekunden erfüllt von einem dröhnenden Beben. Dann wehte auf den unberechenbaren Turbulenzen des Orkans urplötzlich eine wohl von einem LKW oder einer Baustelle abgerissene Segeltuchplane hoch durch die Lüfte, wurde vom Wind gegen ihr Fenster gepresst und verdunkelte innerhalb eines Sekundenbruchteils den Raum auf bedrohliche Weise. Christina erschrak. Sie konnte sich jetzt unmöglich hinaus auf den Balkon wagen und die Plane entfernen, das war bei dem anhaltenden Sturm viel zu gefährlich, also wartete sie ängstlich, bis der nächste Windstoß sie ergriff und mit lautem Flattern fortwehte. Dennoch hatte sie den Eindruck, dass die Dunkelheit sich in ihrem Arbeitszimmer weiter breitmachte.

Das dreiseitige Exposé zu Marvin Winklers Roman erschien ihr reichlich verworren, nichts das auch nur im Geringsten ihr Interesse geweckt hätte. Es ging um eine genreübergreifende Mixtur aus Thriller, Liebesgeschichte und Gesellschaftskritik, was ihrer Einschätzung nach kaum gelingen konnte. Der wenig ansprechende und ihr zu obskur erscheinende Titel war einem Song der Gruppe *Simple Minds* entlehnt. Widerwillig las sie in die Textprobe hinein, die Kopfschmerzen inzwischen kaum noch zu ertragen und wieder dieses ominöse Grummeln in den Eingeweiden. Christina war im höchsten Maße genervt. Den Stil Winklers empfand sie als viel zu ausschweifend, sie vermisste einen durchgehenden roten Faden in der Handlung, und die Thematik glitt ihr allzu sehr in düstere Gefilde. Sie verstand nicht, wie Holm Schmidt ein nach ihrem Dafürhalten derartig misslungenes Buch bei Kobold herausbringen wollte. Da er jedoch schon den Vorvertrag aufgesetzt hatte und Marvin Winkler mit einiger Sicherheit davon wusste, sah Christina sich in der Pflicht, dem vermutlich überaus hoffnungsfrohen Autor mit einem persönlichen Schreiben abzusagen. Sie formulierte ihre Einschätzung in nüchternen Worten, fügte an, dass nach dem Tod Holm Schmidts das Verlagsprogramm einer Neuorientierung bedürfe, was für sein Werk bedauerlicherweise keinen Raum bot, und sandte die Email an die von Marvin Winkler angegebene Adresse.

Niemals hätte Christina Niemann auch nur im Entferntesten ahnen können, dass sie soeben in diesem Moment ihr eigenes Todesurteil unterzeichnet hatte.

2

Das Geständnis

“Meine Damen und Herren, ich trete in diesem Moment vor Sie hin als ein vollumfänglich und vorbehaltlos Geständiger. Im Bestreben die folgenden Ausführungen in angemessene und wohlgesetzte Worte zu fassen, werden Sie mir hoffentlich nachsehen, wenn ich dieses mein lückenloses Bekenntnis vom Blatt ablese. Es erschien mir zu Ihrem geneigten Verständnis unabdingbar, alle relevanten Aspekte des Geschehens gebührend zu beleuchten und kein noch so winziges Detail zu vergessen.

Sie, die Sie hier versammelt sind, genießen das Privileg – ich für meinen Teil empfinde es für mich als ein solches, ob es sich in der Tat auch für Sie als Privileg darstellt, wage ich nur zu hoffen- als erste zu erfahren, dass ich, Marvin Winkler, mich ohne das geringste Gefühl von Reue vor Ihnen schuldig bekenne, einen grausamen Mord begangen zu haben. Und ich muss sogar noch einen Schritt weitergehen: ich empfand unermesslichen Spaß, ja eine im innersten Kern zutiefst diabolische Lust, das wehrlose Opfer nicht allein zu töten, sondern ihm zuvor obendrein nach allen Regeln der Kunst und im prickelnden Hochgefühl allerhöchsten Genusses schlimme und schlimmste Qualen zuzufügen.

Sicherlich ist Ihnen allen der Terminus des perfekten Mordes geläufig, von dem das naive Gros der Kriminologen einhellig behauptet, es gäbe ihn nicht. Lassen Sie mich ihnen mit allem Nachdruck versichern: es gibt ihn, den perfekten Mord, denn ich habe ihn begangen, und wie Sie sehen, befinde ich mich dennoch ungesühnt auf freiem Fuß.

Allerdings bedarf es schon der grenzenlos genialen Fantasie eines ebenso blutrünstigen wie gleichzeitig moralisch völlig enthemmten Autors, damit ein solch kühnes Unterfangen auch gelingen kann. Er muss sowohl alle Eventualitäten, die zu seiner Entdeckung führen könnten, im Vorfeld seiner Tat bedenken, wie ebenso sämtliche möglicherweise auf ihn hindeutenden Beweise eliminieren. Und wenn Sie nunmehr denken, dass ich, wo ich freimütig vor Ihnen den Mord gestehe, gleichzeitig auch desselben überführt bin und dafür zur Rechenschaft gezogen werden kann, muss ich Ihnen vehement widersprechen. Wo keine Leiche aufzufinden ist, wird eine Mordanklage kaum jemals Erfolg haben können.

Doch lassen Sie mich der Reihe nach am Anfang der Geschichte beginnen. Vor nicht langer Zeit, vielleicht haben einige von Ihnen die Nachricht in den Medien verfolgt, schied auf tragische Weise Holm Schmidt, der langjährige Cheflektor des Kobold-Verlages, aus dem Leben. Er hatte dem auch ökonomisch hocherfolgreichen Literatur-Programm seines Arbeitgebers ein markantes Profil verschafft, welches weit über die Grenzen unseres Landes hinaus großes Ansehen genoss. Als junger und trotz meiner bisherigen sechs Bücher noch weitgehend unbekannter Autor hatte ich es gewagt, ihm das Manuskript meines noch unveröffentlichten Romans *Kyoto im Schnee* zukommen zu lassen, und Schmidt, diese am hellsten strahlende Lichtgestalt aller deutschsprachigen Lektoren, war zu meiner Freude überaus angetan von meinem Projekt und wollte es bei Kobold publizieren. Wir hatten mehrfach telefoniert und demnächst ein persönliches Treffen vereinbart. Leider verhinderte sein plötzlicher Tod, dass es jemals dazu kam. Immer jedoch hatte Holm Schmidt betont, wie sehr ihn mein Manuskript ansprach, er rühmte mein Stilbewusstsein wie auch die stringent erzählte Geschichte, welche Spannung virtuos mit literarischer Qualität verbinde.

Die nach seinem unvorhersehbaren Tod traurige Vakanz des Cheflektorensessels im Kobold-Verlag wurde kurz darauf beendet durch die Ernennung von Christina Niemann, zuvor vor allem bekannt als die geschiedene Ehegattin des Verlegers, auf diesen Posten. Nach einem zögerlichen Beginn, der vermutlich in der Einarbeitung in die von ihrem Vorgänger hinterlassenen Minenfelder begründet lag, hatte die Dame es plötzlich sehr eilig, die euphorische Bewertung Schmidts zu korrigieren und zur Maxime des künftigen Verlagsprogramms allein ihre eigene unbedarfte Einschätzung zu erheben, die da lautete, dass ich, Marvin Winkler, ein konfuses Machwerk ohne roten Faden abgeliefert hätte, dessen Thematik hoffnungslos verworren, düster und zudem in ausschweifendem Erzählduktus daher komme, dass sie bedauere, meinem Manuskript im

Kobold-Verlag keine Veröffentlichung anbieten zu können.

Wie immer ungenügend auch ihre Kompetenz in der Beurteilung von Literatur einzuschätzen sein mag, eine Qualität, das muss ihr zugestanden werden, beherrschte Christina Niemann wie kein anderes Wesen auf diesem Planeten: eine durch und durch mörderische Wut in diesem vor Ihnen sitzenden und ansonsten überaus friedfertigen Autor zu entfachen. Eben noch gefeiert als der aufstrebende Stern am Himmel der Literatur, platzten alle meine hehren Träume von überschäumendem Kritikerlob und astronomisch hohen Verkaufszahlen durch die von einer -Sie verzeihen den Ausdruck- an chronischer Verstopfung leidenden und in den emotionalen Niederungen übermäßigen Rotweinkonsums restlos desillusionierten Vollgraupe lapidar abgefasste Email.

Etwa in diesem Moment begann der Plan einer nie zuvor dagewesenen Rache in mir zu reifen. Sie, die mich in einer aus knappen acht Zeilen bestehenden Absage vernichtet hatte, würde im Gegenzug von mir vernichtet werden, auf eine bislang von menschlichem Vorstellungsvermögen nicht in seinen absonderlichsten Abirrungen für möglich gehaltene Art. Ich würde sie nicht nur töten, ich würde ihre nichtswürdige Existenz von diesem Planeten tilgen und nicht ein winziges Gramm von ihr zurücklassen.

In den folgenden Wochen feilte ich unentwegt an meiner Vorgehensweise. Es sollte nichts weniger werden als das perfekte Verbrechen, eine als Topos in der Kriminalgeschichte fest verankerte, wahrlich grandiose Idee, die mich immer schon fasziniert hatte. Bevor ich jedoch an die Umsetzung meines Plans denken konnte, musste ich mir zunächst von einem nicht weit von meiner Wohnung befindlichen, im Kettwiger Industriegebiet gelegenen Metallverarbeitungsbetrieb fünf Kanister Fluorwasserstoffsäure besorgen. Dieselbe würde die völlige Auflösung des Leichnams sicherstellen, einschließlich aller Knochen und Zähne. Lediglich eventuelle Amalgam- oder Goldfüllungen würden ein Bad in dieser alles zersetzenden Substanz überstehen, und die könnte ich wie kleine Steinchen ohne großes Aufsehen in die Ruhr werfen. Kurz überlegte ich, ob ich nicht auch das Skelett, nachdem die Säure das Fleisch aufgelöst hätte, den Fluten des Stausees übergeben sollte, auf welchen Christina Niemann aus ihrer Dachgeschosswohnung mit ihrer frustrierten Visage ähnlich degoutierend herabgeschaut haben musste wie auf mein Manuskript. Aber ich würde der Versuchung dieses köstlichen Gedankens nicht erliegen. Zwar könnte ich mich kurzfristig an der die hiesige Idylle gehörig aufwirbelnden Sensation ergötzen, wenn sich ihre Knochenreste im Stauwehr verfingen, hätte jedoch am Ende auch eine Spur gelegt, anhand welcher man eventuell den Mörder überführen könnte.

Nachdem ich als erstes ihre sich auf dem Promenadenweg befindende Adresse herausgefunden hatte, bezog ich unauffällig Posten vor dem Haus. Ich tat es den unzähligen Spaziergängern gleich, die zur Erbauung das Flussufer aufsuchten, ich beobachtete, getarnt als harmloser Flaneur, ihre Gewohnheiten, ich stellte fest, wann sie kam und ging, wen sie empfing (in den drei Wochen meiner Observation hatte sie lediglich einmal Kontakt zum Paketboten) und erkühnte mich sogar, einige Male eine Drohne steigen zu lassen, die ihre Räumlichkeiten aus der Luft ausspionierte. Ich sah, wie sie am Laptop saß, grünen Tee trank, sich bereits am Mittag das erste Glas Rotwein einschenkte, telefonierte und sich ein Müsli bereitete, das alles Tätigkeiten einer sich gelangweilt durch den Tag hangelnden Frau.. Wenn sie aufschaute und erstaunt meine Drohne entdeckte, wandte ich unter ihren forschenden Blicken dem Haus rasch den Rücken zu und schwenkte die Flugbahn ab über den Stausee.

Dann folgte der schwierigste, aber auch erregendste Teil: ich musste das Opfer in meine Gewalt bringen. In meiner Tasche trug ich stets ein Fläschchen mit Chloroform und einen Stofflappen bei mir. Einen Rollstuhl hatte ich von einer Nachbarin geborgt, deren vor kurzem verstorbene Mutter ihn nicht mehr benötigen würde. So bewaffnet harrte ich in der abendlichen Dunkelheit geduldig auf die passende Gelegenheit, und sie kam schneller als ich erhofft hatte. Es war ein stürmischer Abend im März, der Himmel ohne Gestirne und verdunkelt von ruhelosen Wolken. Christina Niemann fuhr, vermutlich aus dem Verlag kommend, mit dem Wagen vor und parkte auf ihrem Stellplatz vor dem Haus, wo ich bereits ihrer harrte, verborgen hinter dem quadratischen und mannshoch umzäunten Areal für die Mülltonnen des Wohnblocks. Die Betäubung mit Chloroform ging fast zu einfach vonstatten, sie sah mich eine Sekunde lang noch mit erstaunt aufgerissenen Augen an, verlor sogleich das Bewusstsein und sackte dann so abrupt in sich zusammen, dass ich ihr gerade im allerletzten Moment den Rollstuhl unterschieben konnte. Langsam fuhr ich sie zu meinem Auto, das ich, um nicht aufzufallen, in einer wenig beleuchteten Querstraße geparkt hatte. Ich verfrachtete sie kurzerhand auf den Beifahrersitz, presste ihr vorsichtshalber nochmals den mit Chloroform getränkten Stofflappen auf Mund und Nase und fuhr los. An meinem Apartmenthaus angekommen, steuerte ich den Wagen in die Tiefgarage, rief von dort als erstes den Aufzug herab und klemmte meinen Verbandskasten in die Tür, auf dass kein anderer der acht Mieter ihn während meines Verladens benutzen konnte. Dann setzte ich die immer noch Bewusstlose in den im Kofferraum mitgeführten Rollstuhl, verschloss meinen Wagen und gelangte per Lift mit meinem Opfer unbemerkt in die von mir bewohnte Parterrewohnung. Dort fesselte ich ihre Arme und Beine mit unzerreißbarem Kabelbinder, verpasste ihr einen aus einem Waschlappen und Klebeband gebastelten Knebel und wartete gespannt darauf, dass Christina Niemann erwachte. Die ganze Aktion war nicht mehr als ein Kinderspiel, und ich war absolut sicher, dass nicht ein einziger Zeuge uns beobachtet hatte.

Meine Damen und Herren, verzeihen Sie, ich merke, wie mich die Schilderung meiner Tat zusehends erregt. Mein Mund wird trocken, gestatten Sie, dass ich einen Schluck Wasser trinke und einige Male tief durchatme, bevor ich fortfahre. Es ist immerhin das erste Mal in meinem Leben, dass ich einen Mord nicht nur begangen habe, sondern ihn obendrein lustvoll vor Zuhörern gestehe, eine meinen Puls beschleunigende Rückbetrachtung, welche mich nicht weniger mit Befriedigung erfüllt als die eigentliche Tat.

Als sich in mir der Plan zu diesem von blinder Rachsucht geleiteten Akt der Vergeltung festsetzte, hatte ich den unerschütterlichen Vorsatz, als einer der größten, ja: als *der* größte Mörder in die Kriminalgeschichte einzugehen, der skrupelloseste, amoralischste und abgefeimteste von ihnen allen, von dessen Treiben jedoch gleichzeitig niemand jemals die geringste Ahnung besaß, denn aufgrund der Perfektion seiner Tat würde er allezeit unentdeckt bleiben. Vielleicht haben einige von Ihnen Kenntnis von jenen abstrusen Monstern, die sich einen Mantel aus der Haut ihrer Opfer genäht haben oder die in Harz gegossenen Augäpfel der von ihnen qualvoll Getöteten auf eine Halskette aufgereiht haben. Verglichen mit ihnen waren selbst Jack the Ripper und Fritz Haarmann harmlose kleine Fische. Mein Ehrgeiz war nicht weniger, ich bekenne es hier und jetzt, als sie alle zu übertrumpfen durch die einem abgrundtief perversen Hirn entsprungenen, mit pedantischer Sorgfalt ausgeklügelten und nie zuvor gekannten Grausamkeiten und Foltern, die ich bebend vor Lust begehen würde an Christina Niemann, weil sie es gewagt hatte, in einer acht Zeilen langen Mail all meine Träume zerplatzen zu lassen.

Es brennt mir förmlich unter den Nägeln, Ihnen, meine sehr verehrten Damen und Herren, detailliert all das zu offenbaren, was ich der rücksichtslos brutalen Zerstörerin meiner Karriere im Anschluss an das Kidnapping zufügte. Aber andererseits darf ich natürlich nicht ausschließen, dass sich unter Ihnen einige zarter besaitete Seelen befinden, denen ich die akribische Schilderung solch unvorstellbarer Gräueltaten und eventuell daraus entstehende Alpträume unmöglich zumuten kann. Also verschweige ich schweren Herzens, zu welch außerordentlich inspirierten Höhenflügen mich mein durch keine kleingeistigen Moralvorstellungen beeinträchtigter Erfindungsgeist trieb. Ich sage nichts über die vielfältigen Instrumente der Folter und ihren nachhaltigen Gebrauch, welcher die physischen Qualen des Opfers schier unerträglich machten. Ich lege einzig und allein vor Ihnen offen, dass Christina Niemann verdientermaßen endlos lange Tage litt, wie noch kein Mensch vor ihr gelitten hat, und dass mich ihre Blicke, ihre Miene (denn sie trug während der gesamten Behandlung den Knebel und war außerstande in Worten zu kommunizieren) inständig anflehten, ihr endlich, endlich den gnädigen Tod zu gewähren, den ich immer wieder kunstvoll hinauszögerte. Sie starb schließlich in einer von mir mit Fluorwasserstoff befüllten Badewanne, in der sich ihr Fleisch, ihre Knochen, ihre gesamte schäbige Existenz in Nichts auflöste, so wie ich es von Anfang an geplant hatte. Ein absolutes Nichts wie Christina Niemann, das sich gleisnerisch zu angemaßter Bedeutung hochgemogelt hatte, musste zurück in ein Nichts verwiesen werden.

Meine Damen und Herren, ich komme allmählich zum Ende meines Vortrags. Ich habe eingangs in für Sie vielleicht reichlich vollmundiger Weise angekündigt, vor Ihren geneigten Ohren das perfekte Verbrechen zu gestehen, sowie gleichzeitig die Überzeugung vertreten, selbst dieses Geständnis würde mich als Täter niemals belasten können, da ein Mord ohne auffindbare Leiche allenfalls über spekulative Indizien, jedoch über keinerlei Beweiskraft verfüge. Und zudem kann ich Ihre möglichen Befürchtungen, ich würde Sie in die unfreiwillige Mitwisserschaft und gar juristisch verwendbare Komplizenschaft mit einem Mordgeständigen hineinziehen, sogleich beruhigen. Ich, Marvin Winkler, meines Zeichens der Autor eines nie erschienenen Romans mit dem Titel *Kyoto im Schnee*, ein von einer inkompetenten Machtbefugten sadistisch abgekanzelter und zum Scheitern verurteilter Schreiberling, der sich am Beginn dieses Vortrages mit seiner grenzenlosen Fantasie brüstete, ich will jetzt nochmals und dieses Mal endgültig Farbe bekennen, indem ich gestehe, selbst nur die schillernde Ausgeburt einer komplizierten Fantasie zu sein. Marvin Winkler ist lediglich der Name eines fiktiven Charakters, einer Figur in einer Geschichte, erfunden von einem Autor, der den Protagonisten eines Autors vorschickt, um seinen eigenen blutrünstigen Mordgelüsten legalen Raum zu verschaffen. Nur so erklärt sich auch das perfekte Verbrechen, welches es selbstredend allein in der Fiktion geben kann, niemals aber im wirklichen Leben. Und zur gleichen Zeit löst sich ebenso, ohne die geringste Spur zu hinterlassen, die Leiche Christina Niemanns auf, löst sich auf nicht in ihre stoffliche Hülle zersetzender Fluorwasserstoffsäure, sondern in dichterischer Willkür, jener uneingeschränkten Macht, die es sich erlauben kann, die von ihr geschaffenen Figuren nach Belieben erscheinen und wieder verschwinden zu lassen.

Ich hoffe sehr, meine hochverehrten Damen und Herren, ich durfte Ihnen ein wenig Kurzweil und Vergnügen bereiten mit meinem Vortrag, der an dieser Stelle beendet ist. Noch nicht beendet dagegen ist diese Geschichte, auch wenn nunmehr Marvin Winkler als der Erzähler in der ersten Person zurücktritt ins zweite Glied, wo er wie bereits im ersten Kapitel in der dritten Person weiter existiert. Wenn Sie, was ich hoffe, sich nicht allzu sehr von meiner neckischen Scharade an der Nase herum geführt fühlen und vielleicht gar in sich die nicht einzudämmende Neugier verspüren, den Ausgang der Geschichte zu erfahren, dann möchte ich Sie mit aller Bescheidenheit auf die im Hummelshain Verlag erschienene und hier zum Kauf ausliegende kleine Kriminalanthologie mit dem Titel *Tatort: Essen* hinweisen, welche Sie im Anschluss an meine heutige Autorenlesung im historischen Alten Bahnhof Kettwig erwerben können.

Ich danke für Ihre geschätzte Aufmerksamkeit."

3

Eine Ansichtskarte von Humphrey Bogart

Justina Schliemann fuhr mit dem Aufzug hinauf in die oberste Etage, wo sich ihr von abgeschrägten Wänden umgebenes Dachgeschossapartment befand. Der bisher üblichen Gewohnheit das Treppenhaus zu benutzen hatte sie gleich nach der überraschenden Diagnose ihrer Herzrhythmusstörungen abgeschworen. Die von ihrem Hausarzt immer wieder angeratene Fitness mochte in ihrem Alter eine durchaus erstrebenswerte Verfassung sein, aber sie musste sich ja nicht gleich umbringen.

Nach dem heutigen Arbeitstag wollte sie einfach nur auf der Couch entspannen. Sie betrat die Wohnung, durch die der Duft eines Potpourris aus getrockneten Rosenknospen schwebte, legte Schlüssel, Handtasche und den Inhalt des von ihr beim Betreten des Hauses geleerten Briefkastens auf den Tisch im Wohnzimmer und schenkte sich, noch während sie mit den Füßen die Schuhe abstreifte, in der Küche ein Glas Rotwein ein. Durch das Fenster sah sie im Westen die Sonne sinken, ein glutroter Ball, der den Stausee leuchten ließ wie ein Meer von Blut, ein Sinnbild des Untergangs.

Diese langen Stunden im Verlag, wo sie erheblich weniger konzentriert zu arbeiten in der Lage war als hier im *home office* und obendrein immer wieder ihrem Ex-Mann und seiner kleinen Sekretärin begegnete, raubten ihr den letzten Nerv. Heute war sie völlig unvorbereitet in sein Büro geplatzt und hatte die schamlose Schlampe rittlings auf seinem Schoß sitzend erwischt, die Zunge tief in seinen Hals versenkt und ihre rechte Hand da, wo Justina sie unmöglich sehen konnte. Kurz war sie versucht, eine bissige Bemerkung vom Stapel zu lassen, warum viele Mitarbeiter des Verlags in Heimarbeit geschickt wurden, wenn der Chef gleichzeitig das Büro zu einem *chambre privée* umfunktionierte, aber sie hatte sich, um sich auf keinen Fall auch nur die geringste Blöße zu geben, auf die Zunge gebissen und jeglichen Kommentar herunter geschluckt.

Justina ließ sich ein Bad ein. Sie lag im heißen, von Lavendelöl aromatisierten Wasser und betete, dass ihre Lebensgeister zurückkehren möchten. Die halbvolle Rotweinflasche hatte sie in der Küche vergessen, sie brauchte unbedingt noch ein Glas, eines das ihr die sich beharrlich in ihrem Gemüt festsetzende Leere vertrieb.

Nach dem stressigen Tag widerstrebte es ihr, sich für die Abendmahlzeit selbst an den Herd zu begeben. Sie rief einen Lieferservice an und orderte eine Pizza Margherita und gleich noch eine Flasche Roten. Später saß sie, die Füße hochgelegt und gesättigt von der mit fettigem Analogkäse belegten Pizza, auf dem Sofa und nippte angeekelt am Rotwein, einer italienischen Pennerbrause, von der sie beim ersten Schluck wusste, das Gesöff würde ihr am nächsten Tag unvermeidlich Kopfschmerzen bereiten. Schon jetzt pochte ihr Herz in unregelmäßigem Wechsel von schnellem und langsamem Takt. Manchmal schien es für zwei endlos lange Sekunden gar ganz auszusetzen.

Ihr Blick fiel auf die beim Betreten der Wohnung auf dem Tisch deponierte Post. Justina öffnete nacheinander zwei Briefe, einen Werbebrief von ihrer Bank, der ihr einen Wertpapierfond zum Kauf empfahl, einen anderen mit einer Einladung zu einer Vernissage in der kleinen Kunstgalerie auf der Ringstraße, wo ein pensionierter Kinderarzt aus Bremen seine großformatigen Bilder ausstellte, und wandte sich zuletzt dem dritten Brief zu, einem großen ockergelben Umschlag, in welchem ihr allem Anschein nach jemand ein Buch geschickt hatte. Die Sendung trug keinen Absender, was sie verwunderte. Neugierig auf den Inhalt zerriss sie auch diesen Umschlag, der in der Tat ein Buch mit einer zwischen den Seiten steckenden Ansichtskarte enthielt. Das kartonierte Buch trug den Titel *Tatort: Essen* und war eine laut Information auf dem Titel im Hummelshain Verlag erschienene Anthologie mit Kriminalgeschichten. Als in der Verlagsbranche seit langer Zeit weitvernetzte Expertin hatte Justina noch nie von diesem Verlag gehört, er konnte nur völlig unbedeutend sein. Vermutlich handelte es sich dabei um irgend so eine in einer Briefkastenfirma ansässige Nischenklitsche, die heimlich von der Muse geküssten Hobbyschriftstellern und jedem hergelaufen dilettierenden Amateur, mit anderen Worten Hinz und Kunz, ein Forum für ihre unzumutbaren Publikationen bot. Sie wunderte sich, wer um Himmels willen auf die Idee verfiel, sie mit so einem Mist zu behelligen. Entnervt legte sie das Buch beiseite und nahm in der Hoffnung einer Erklärung die Karte zur Hand. Sie zeigte auf der Vorderseite ein altes, handkoloriertes Kinoplakat von Humphrey Bogart und seinem Film *Tokyo Joe*. Auf der Rückseite hatte jemand mit blauem Kugelschreiber und in schwungvoller Handschrift geschrieben:

Sehr geehrte Frau Schliemann, Sie werden sich kaum noch erinnern an den von Ihnen in maßloser Arroganz abgelehnten Autor Marvin Winkler. Diesen von kaum zu überbietender Inkompetenz und Ignoranz zeugenden Bescheid nahm ich zum Anlass für eine kleine Geschichte, die ich Ihnen im beigefügten Band nicht vorenthalten möchte. Ein berühmter Kollege von mir sagte einst, dass ein Autor das Privileg habe, seine persönlichen Niederlagen in Triumphe zu verwandeln, und eben das befolge ich hier mit aller Konsequenz. Natürlich habe ich, um keine Verletzung des Persönlichkeitsrechts zu begehen, den Namen der Protagonistin geändert in Niemann, weil Sie in meinen Augen genau das sind: ein Niemand! Viel Spaß bei der Lektüre wünscht Ihnen M.W.

Ebenso empört über die unverschämte Dreistigkeit dieser impertinenten Null von einem Autor, an den sie sich in der Tat nicht erinnerte, wie gleichzeitig auch von Neugier erfüllt, was er sich über sie aus den Fingern gesaugt haben könnte, griff sie zu dem Buch mit den Kriminalgeschichten. Sie blätterte im Inhaltsverzeichnis und fand sofort die Geschichte von diesem Spaßvogel. Sie trug den Titel *Der perfekte Mord* und begann im zweiten Abschnitt des ersten Kapitels tatsächlich von einer Figur mit dem Namen Christina Niemann zu erzählen. Justina las und glaubte ihren Augen nicht zu trauen. Erregt las sie weiter, das erste Kapitel, das bereits den Boden der Unverschämtheit strapazierte, weil die dort in despektierlichster Weise geschilderte Frau ihr, Justinas, *alter ego* vorstellen sollte, dann weiter das zweite Kapitel, in welchem der Autor genüsslich einen Mord an ihr beging, in seinen krankhaften Fantastereien natürlich nur, wie das Ende der Geschichte zeigte, aber allein diese entsetzlichen Fantasien von Folter und Tod und diese wenngleich fiktive, so nichtsdestotrotz bösartige Erniedrigung ihrer Person, setzten ihr zu, das war zu viel, das konnte sie nicht ertragen, das war Rufmord, das war Mord!

Schwer atmend schloss Justina Schliemann das Buch und legte es auf den Tisch. Sie fragte sich eben noch, woher dieser ruchlose Psychopath Kenntnis derartig intimer Details von ihr besitzen konnte, von ihrer Vorliebe für Rotwein, dem Matcha im *home office*, der verhassten Konkurrentin, die sich ihren nur allzu willigen Mann geschnappt hatte, von ihrer Verstopfung, ihren Herzrhythmusstörungen und sogar von ihrer Allergie gegen Aloe Vera, als sie im Zustand höchster Erregung und fast erstaunt über die Eigenwilligkeit ihres angegriffenen Herzens, das ohne jegliche Vorankündigung und überfordert vom Aufruhr ihrer verletzten Eitelkeit ganz einfach aufhörte zu schlagen, ihren letzten Atemzug tat. Und während sie ohne viel Aufhebens die schnöde Welt verließ, speicherte der dank seiner Fantasie allwissende Autor, nicht der hier Marvin Winkler genannte, sondern der Autor hinter dem Autor, der in dieser Geschichte seinen rachedurstigen Protagonisten *in effigie* einen Doppelmord an den Damen Niemann und Schliemann begehen ließ, für den ihn niemand jemals zur Verantwortung ziehen könnte, nach dem letzten Anschlag auf seiner Tastatur eine fast siebenundzwanzig Seiten umfassende Datei ab unter dem Titel *Der perfekte Mord.*

Die Deutschklausur

1

Neruda war maßgeblich beteiligt. Ich gestehe, ich habe eine Schwäche für Lyrik. Bestimmt lassen sich für die Beurteilung psychologisch einleuchtende Zusammenhänge konstruieren: sonnenklar, dass die kognitive Kompetenz einer achtzehnjährigen und zudem in ihren Deutschlehrer verliebten Schülerin durch eine verhängnisvoll emotionale Affinität zur Poesie beeinträchtigt wird. Warum vertraue ich diesem weißen Papier so blind? Ist dieser Einstieg in seiner Form angemessen oder verfehlt er bereits jetzt das Thema? Rolf Gerwin findet meine Aufsätze zu sprunghaft (meine Küsse hat er nie zensiert). Ich sollte keine Anmerkungen in Klammern setzen. Das öffnet einer beliebigen Weitschweifigkeit Tor und Tür.

Die ganze lange Nacht habe ich geschlafen mit dir
dicht am Meer, auf der Insel
wild warst du und süß zwischen Lust und Traum

Eine Unterrichtsreihe über Liebeslyrik. Ein Grundkurs 12.2, in dem mehr als zwei Drittel der Teilnehmer weiblich sind. Ein Studienrat, 31, der ein BMW-Cabrio fährt und Augen wie Sylvester Stallone hat. Alle Horoskope würden bei dieser Konstellation zu extremer Vorsicht mahnen. Ob die Insel eine Metapher sei für ein Eskapaden-Glück? Eine gute Frage, können Sie die Antwort aus dem Text belegen? Was heißt das überhaupt: Glück? Interpretationen sind eine bequeme Art privater Patentrezepte. Ich hatte keins, als der Gong zur Pause ertönte.

Gerwin über das Kursheft gebeugt. Noch etwas unklar, Ria? Ein Lächeln wie Alan Bangs. Ich könne nicht glauben, dass Neruda hier das Erlebnis einer einzigen Nacht Liebe nennt. Eine so flüchtige Begegnung würde doch kaum ausreichen, um festzustellen, ob man einen Menschen liebt. Also gibt es keine Liebe auf den ersten Blick? Er schaute hoch, mir in die Augen. Die Entdeckung meiner eklatanten Schwäche für Sylvester Stallone. Ich wollte nur noch auf eine Insel fahren. Dicht am Meer.

2

Sappho, Hölderlin, zwei Sonette von Shakespeare, Leonard Cohen, Mascha Kaléko und dann, mittags nach der Schule, Lucio Battisti im Amalfi. *Un uomo che ti ama.* Der unverhoffte Eingriff der Liebeslyrik in den Alltag, mit Hilfe einer im Tapedeck von Nakamichi laufenden Chromdioxidcassette.

Ah! Donna, tu sei mia
E quando dico mia
Dico che non vai più via

Markus, mein Banknachbar in drei Kursen, und ich aßen Pizza. Ach du Scheiße, da kommt der Gerwin. Markus war in keinem seiner Kurse. Er mochte ihn nicht, "weil er für einen Lehrer viel zu gut aussieht und weil er Wurstfinger hat". Wurstfinger sagen viel über den Charakter aus, meinte Markus.

Hallo! Hallo. Hey ihr Zwei, darf ich mich zu euch setzen? Ich verfluchte im Stillen die Idee, mir gestern zum fünften Mal *Rocky III* anzusehen. Nicht allein Pablo Neruda, auch Sylvester Stallone war maßgeblich beteiligt. Er habe nachdenken müssen über meine Frage von neulich. Kosmosmetaphern bei Neruda und so weiter. Liebe als Reise und Station zugleich. Die Versteifung in meinem Rücken hätte allein ein staatlich anerkannter Masseur beheben können. *È meglio un uomo solo.* Gerwin lebte von seiner Frau getrennt. Schülerinnen wissen so etwas. *Un uomo che ti ama.* Allzu kindischer Versuch eines unzerknautschten Lächelns. Immerhin bin ich achtzehn. Ich überlegte, ob eine neue Schicht Wimperntusche helfen könnte. Hast du Tabak, Markus? Ich solle eine von ihm nehmen. Gauloises. Wer auf zwei Hochzeiten zugleich tanzt…der kann unmöglich das Echte lieben. Die ewig gültigen Wahrheiten der Werbesprüche. Die Zigarette passe zu ihm. Wieso das? Irgendwie schon…

Es regnete, als wir aufbrachen. Ob er uns nach Hause fahren könne? Markus hatte sein Fahrrad. Die schicksalhafte Prädestination in den Stand einer BMW-Cabrio-Beifahrerin erhoben zu werden. Der unglaubliche Klang eines Auto-Stereoturms. Wirst du bei der Korrektur den Verzicht auf klassischen Satzbau (Subjekt-Prädikat-Objekt) rügen, auch wenn ich ihn in diesem Aufsatz als bewusstes Stilmittel einsetze? Sätze wie Raketeneinschläge. Ohne Verben. Ich springe hin und her zwischen den Zeitebenen. Auch das gewollt!

Aus den Lautsprechern verkündete irgend so ein Liedermacher, er brauche seine Streicheleinheiten. Und ich erst! Ich liebe es, im Regen spazieren zu gehen. Ich sagte es, um einem Gespräch über das Wetter vorzubeugen. Vielleicht war ich auch nur raffiniert. Ob wir noch sollten, fragte Gerwin…wir könnten an den See fahren.

3

9.37 Uhr. Oberstudienrat Klinger hat jetzt Aufsicht. Noch drei Stunden Zeit. Eigentlich zu wenig für eine Deutschklausur mit diesem Thema. Kreative Kurzprosa. Wie will Gerwin das benoten? Ich müsste die Exposition markieren, eine Inhaltsangabe erstellen. Vom Schulhof der gefilterte Pausenlärm der Kleinen. Auf der Bank vor mir schält Nicole eine Orange. Ihr Duft wie ein Parfüm. Neruda ist unendlich weit weg.

Dies ist die Gegenwartsebene.

Ich introvertiere zusehends, seitdem du mich nicht mehr anschaust, Rolf. Wirst du das anstreichen: "*zusehends*", als A wie Ausdrucksfehler oder antiquierte Begrifflichkeit? Wird dein Rotstift sich darauf einlassen, dieses Stück Prosa mit einer Korrektur zu versehen? Wirst du plötzlich Angst verspüren: oh Gott, dieses unberechenbare Biest, sie versucht mich fertigzumachen, das Ende meiner Berufslaufbahn, Unzucht mit einer im Ausbildungsverhältnis Befindlichen, Stigmatisierung, Ächtung, Vorstrafe? Wirst du mich zu einem sachlichen Gespräch bitten an neutralem Ort (Lehrerzimmer, Bibliothek, Pausenhalle), mir dein Dilemma der Notengebung darlegen und einen Nachschreibetermin anbieten, mit einem anderen, für uns beide weniger heiklen Thema? Wirst du mich zu überzeugen suchen, dass es doch das Beste wäre, wenn ich den Kurs wechsle? Argumentieren mit dieser edelmütigen Überheblichkeit, die deine Lebenserfahrung zweifelsohne legitimiert?

- Schau, Ria…
- Das ist doch eine Sache, die nur uns beide etwas angeht…
- Ria, du musst mir glauben, ich habe dich wirklich sehr lieb gehabt, und eigentlich immer noch, aber…
- Du weißt doch, warum es nicht geht, Ria…

Ich introvertiere zusehends. / Wh! Du bist nur noch eine Figur meiner kreativen Kurzprosa. Vielleicht lasse ich dich am Ende etwas ganz und gar Verrücktes tun: eine verzweifelte Flaschenpost auf die Reise schicken zum Beispiel. Du bist fiktiv und so gar nicht heroisch, hier in dieser Geschichte nicht und vermutlich auch nicht im wirklichen Leben, wo die Fiktion von dir abfällt wie ein Karnevalskostüm. Allenfalls durch die Augen von Sylvester Stallone -ein nahezu zärtliches Attribut aus meiner Erfindungsgabe- erhältst du ein Quäntchen positives Profil.

Ich introvertiere. Es geht ganz leicht und ist kein Problem für mich. Ich gebrauche Provokation als ästhetische Qualität. Ich beschreibe dich als einen drittklassigen Herzensbrecher ohne Charakter. Ich bringe dich in einen Rollenkonflikt als Protagonisten und Korrektor dieses Textes. Von mir aus nenne es billige Rache. Kreative Kurzprosa besitzt die absolute Freiheit, sich einem Thema ihrer Wahl anzunehmen.

4

Küsse im Regen, am Anlegesteg des kleinen Rundfahrtenbootes, Möwen vor dem verhangenen Himmel, welch eine romantische Reminiszenz! Es strengt an, bei der Schilderung eines Verliebtseins nicht in Triviales abzugleiten. Ich könnte Sylvia-Romane parodieren, die Stereotypen der Groschenheftchen bemühen, aber ich weiß, eine aus Schmonzetten entlehnte Diktion würde dir nicht gerecht, und es würde mir zudem eine schlechte Note einbringen. Ich übergehe deine für mich legendären Zärtlichkeiten, ganz wie die verschämten amerikanischen Filme Schlafzimmer durch diskrete Abblenden privatisieren. Ich belege mit einem Tabu, was wir taten, nachdem wir unsere vom Regen durchnässten Kleider zum Trocknen auf deine Zentralheizung legten. Ich verschweige konsequent alles, was in Deutschklausuren unschicklich sein könnte. Du glaubtest, du würdest mich lieben - ein zögernder Satz, ins Halbdunkel der von Jalousien verhüllten Fenster gesprochen wie eine Bekreuzigung, die Gespenster vertreiben soll, zaghaft und um ein Alibi zu haben im allzu vagen Bereich des Sentimentalen, um koitale Belange mit einem gleichsam legitimen Überbau zu verbrämen. Bestimmt sagt es sich leicht mit dieser akut erogenen Not inmitten deiner Hüften: ich liebe dich. Einmal sogar hast du es geschrieben, in einem Brief ohne Absender, unter ein selbstverfasstes Gedicht, das ich heute (nach einem Grundkurs über Liebeslyrik) als Studienratspoesie ansehe, mit einer unleserlichen, weil andernfalls belastenden Unterschrift. *Ria, ich liebe dich. Immer dein Rolf.*

Ist es möglich, dass die Lyrik berauscht wie Wein, wie eine Droge?

10.43 Uhr. Sieben Minuten Zigarettenpause auf der Mädchentoilette. *Gerwin hat den süßesten Arsch.* Ich habe dem in mir aufsteigenden Drang nicht nachgegeben, hirnlos mit Filzschreiber auf die Kacheln gekrakelte Sprüche mit dem Extrakt lateinischer Weisheit zu übermalen. *In vino veritas.* Die Bacchanale meiner Fantasie. *In poetica quoque.* Wahrheit reduziert auf eine Handvoll Sternstunden? Ich weiß es nicht. Ich weiß: ich sollte ganze Sätze verwenden. Noch während ich ihn niederschreibe, analysiere und reflektiere ich diesen Text. Das Jonglieren mit verschiedenen Ebenen erschwert dir eine negative Benotung. Mein zugegeben eigenwilliges Stilbewusstsein wird dich in einen Zwiespalt stürzen: Ria brillant in ihrer gewählten Formulierung, virtuos im Aufbau, aber das Sujet…

Bitte lasse im Notenkommentar die für mein Alter ausgereifte Rhetorik keinesfalls unerwähnt!

5

Dann die Strategie des Fallenlassens. Nicht abheben (nicht da sein?), wenn ich spät abends zum Telefon greife, um dir Gute Nacht zu sagen. Müdigkeit vorschützen, wenn ich deine Umarmungen begehre. Ausreden, Hektik, Termine. Blicke die ausweichen. Anrufe, die ausbleiben. Ist das immer so? Spielt sich das so ab? Routine übernimmt, wo einst Zärtlichkeit war. Gekonnt überhörte Anspielungen auf gemeinsam Erlebtes. Worte die wie Abfindungen klingen. Anhäufung der Tut-mir-leids. Absurde Verabredungen mit dritten Personen, um nicht mit mir allein sein zu müssen. Ausnüchterung eines romantischen Stimulans. Hast du das alles geprobt? Die Abwendung ohne Komplikationen. Vermeidung: von Nähe, von Hautkontakt, von kleinsten Hinweisen auf eine emotionale Halbbesessenheit. Die Flucht in eine linkische Faszination, in eine plötzliche Unerreichbarkeit. Sehr notorisch! Warum nur? Ist es, weil in dir als meinem Lehrer mit einem Mal Skrupel erwachten und du obendrein noch nicht verbeamtet bist? Ist es, weil deine Frau plötzlich zurückkam (und sie nun einmal die raffinierteren Reibekuchen backt)? Ist es eine neue Lolita aus einem Parallelkurs, die deinem Unterricht durch eine tief dekolletierte Bluse das nötige Feedback gibt? Ich umschreibe keine Resignation, wenn ich bemerke, dass prosaische Kreativität meiner Unabhängigkeit zuträgt. Bewältigung, emanzipatorisch! Ich diagnostiziere vielmehr eine beginnende und langsam fortschreitende Gleichgültigkeit für mich und mein geschundenes Herz.

6

Ich konstatiere ohne einen Schmerz: ich hatte nie eine Chance! Ich war ein Spielzeug für dich. Ein Zeitvertreib. Ein willkommener Ersatz für die auf Distanz gehende Gemahlin. Eine Eroberung, die dein Ego auf Hochglanz poliert. Eine ohne Belagerung gefallenen Festung, welche den Mythos deiner Unwiderstehlichkeit zementiert. Eine Affäre, mit der du dich brüsten kannst, nicht jetzt, aber irgendwann. Eine kleine Zwischenerregung. Mehr nicht!

7

12.04 Uhr. Gerwin hat die Aufsicht von Klinger übernommen. Er wird das hier benoten müssen, über sich in der dritten Person. Ein von leichter Nervosität begleitetes Ignorieren meiner piependen Armbanduhr. Das Signal ist ihm vertraut. Das Ende der Streicheleinheiten. Eine halbe Stunde noch bis Abgabe der Klausur.

Gegen mein besseres Wissen werde ich eine Zeitlang noch die idiotische Hoffnung kultivieren, mein Abitur könnte die Schranken bürgerlicher Sozialnormen aufheben. Dann werde ich mich von diesem lachhaften Kleinmädchentraum für allezeit verabschieden. Ich werde nie wieder einen Film mit Sylvester Stallone ansehen. Und vor allem anderen werde ich keine Pläne machen, was ich tun oder lassen werde.

Ich fühle mich gut. Schreiben ist wie eine Entschlackungskur, eine Frühlingsdiät nach einem langen Winter. Vielleicht werde ich auch irgendwann beginnen, Gedichte zu verfassen. Schließlich habe ich eine Schwäche für Lyrik.

Bibliographische Notiz

Der Orca erscheint erstmals in diesem Band.

Der perfekte Mord wurde erstmals veröffentlicht in:
Tatort: Essen. Zehn Kurzkrimis, Hummelshain Verlag, Kettwig, 2022

Die Deutschklausur wurde erstmals veröffentlicht in:
Reinhard Kahl (Hrsg): *Schule Überleben. Handbuch für Unbelehrbare.* Rowohlt, Reinbek bei Hamburg 1983,
und für das vorliegende Buch in einer Neufassung überarbeitet.

Inhalt

Ein besonderer Dank geht an dieser Stelle an die Damen und Herren Journalisten und Buchhändler, ohne deren unschätzbare Unterstützung ein Autor nichts ist:

Niklas Bessenbach
Cornelia Hecker-Stock
Klaus Kahle
Mathias Kehren
Michael Kerst
Hans-Joachim Kling
Klosterbuchladen der Abtei Lichtenthal
Thorsten Kolbe
André Marston Alvarez
Christian & Isolde Marx vom Antiquariat Honnes
Maren Menke
Beatrix Ottmüller
Martin Poche
Sebastian Schmitz, Insel der Bücher, Essen
Annette Schröder
Ellen Schröder
Buchhandlung Josua Straß, Baden-Baden
Yvonne Szabo
Daniel Widmaier, Homburger & Hepp, Konstanz
Rebecca Zimmer & alle bei Thalia Velbert

Das schlagende Herz
Roman
Taschenbuch Originalausgabe, 234 Seiten
Hummelshain Verlag 2018
€ 12,80

Gerlind ist Rentnerin und sammelt, geplagt von Altersarmut, Pfandflaschen. Benno (45) ist obdachlos und trauert seiner großen Liebe nach. Sie beobachten sich, stehen einander bei und kommen schließlich zusammen in einem furiosen Finale.

Nahe Engel, von fern: Musik
Gedichte
Hardcover, 84 Seiten
Hummelshain Verlag 2019
€ 12.-

In formal strengen, ungereimten Terzinen verwendet Wim Martin erstmals in der Geschichte der Poesie die aus der U-Musik gebräuchliche Technik des Samplings. Zitate aus Popmusik, Dichtung und Film werden virtuos mit der eigenen Lyrik verknüpft und schaffen einen poetischen Dialog mit seinem kulturellen Erbe.

Babylon Cam

Roman

Taschenbuch Originalausgabe, 316 Seiten

Hummelshain Verlag 2020

€ 13,80

David arbeitet als Luxus-Callboy für die Reichen in Düsseldorf. Zu seinen Kunden zählen u.a. eine Konzernchefin, eine Fondsmanagerin, ein Hollywoodstar und ein saudischer Prinz. Auf rätselhafte Weise wird er in einen brisanten Wirtschaftsskandal von landesweiter Tragweite verwickelt. Er beginnt auf eigene Faust zu ermitteln. Fast ein Thriller und von atemberaubender Spannung.

Die Pandemie

Roman

Taschenbuch Originalausgabe, 276 Seiten

Hummelshain Verlag 2021

€ 13,80

Fünf Jahre wird Leo von seiner Frau Emilia mit Hilfe ihres Geliebten Fabian im Bunker unter ihrer Villa in Baden-Baden eingesperrt, nachdem sie herausfindet, dass er auch mit Yvonne verheiratet ist. In der Pandemie des Jahres 2020 laufen die Dinge schließlich aus dem Ruder…eine *ménage à quatre*, schwarz, abgründig und mit gänzlich unvorhersehbaren Wendungen.

Brachfeld
Roman
Taschenbuch Originalausgabe, 252 Seiten
Hummelshain Verlag 2021
€ 13,80

Brachfeld heißt der fiktive Schauplatz einer als Thriller getarnten, bitterbösen Parabel auf die zeitgenössische politische Landschaft. Filz, Korruption und intrigante Machtkämpfe regieren die Stadt, deren Vertreter gierig abkassieren. Wie immer bei Wim Martin verbirgt sich hinter der Hochspannung garantierenden Geschichte eine scharfe Analyse der aktuellen Befindlichkeit.

Hidden Track

ASTROLOGIE

Wer aber kennt die Pläne des Himmels
Eine Schwarzdrossel singt von verlorener Liebe
Nur die schön gebauschten Wolken spiegelt der See

Beim Abschied fiel kein einziges Wort
Die Kartenlegerin deckt den Eremiten auf
Ein Wetterleuchten gebärdet sich als Vision

Einst blutete mein Herz, schwor nie zu versiegen
Ein Foto zeigt den Himmel im Hochformat
Moleküle wetteifern um die Gunst der Stunde

Elf Jahre steht Neptun im siebten Haus
Der siderische Tag zögert anzubrechen
Denn wie die Sterne sind die Dichter:

Vor langer Zeit erloschen, scheinen sie noch

Aus: **Wim Martin "Nahe Engel, von fern: Musik"**
Hummelshain Verlag, Kettwig 2019